传统中医养生

华佗五禽戏

杨宇 主编

广西科学技术出版社

图书在版编目（CIP）数据

传统中医养生：华佗五禽戏/杨宇主编. —南宁：广西科学技术出版社，2016.7（2024.4 重印）
ISBN 978-7-5551-0667-8

Ⅰ. ①传… Ⅱ. ①杨… Ⅲ. ①五禽戏（古代体育）—基本知识 Ⅳ. ①G852.9

中国版本图书馆CIP数据核字（2016）第 166127 号

传统中医养生·华佗五禽戏

CHUANTONG ZHONGYI YANGSHENG HUATUO WUQINXI

杨　宇　主编

策划编辑：罗煜涛　陈勇辉
责任编辑：黄焕庭　　　　责任校对：徐晓柳
装帧设计：韦娇林　　　　责任印制：韦文印

出 版 人：韦鸿学　　　　出版发行：广西科学技术出版社
社　　址：广西南宁市东葛路 66 号　　　　邮政编码：530023
网　　址：http://www.gxkjs.com

印　　刷：北京兰星球彩色印刷有限公司

开　　本：789 mm×1024 mm　1/16
字　　数：100 千字　　　　印　　张：8.75
版　　次：2016 年 7 月第 1 版　　　　印　　次：2024 年 4 月第 2 次印刷
书　　号：ISBN 978-7-5551-0667-8
定　　价：78.00 元

编委会

主　　编：杨　宇（广西中医药大学第一附属医院）

副 主 编：韦东谊（广西中医药大学体育部）

张静文（广西中医药大学体育部）

阮俊霖（右江民族医学院）

沈小淞（广西中医药大学第一附属医院）

梁　静（广西中医药大学第一附属医院）

编　　委：毛梅燕　苏宇虹　莫金霖　陈文富　彭丁丁

张玲玲　林正佳　言彩蝶　贾　微　温海成

王德胜　王宇坤　王雪娟　何乾超　何贤芬

李宗霖　潘广喜　张　冲　庾科翰　唐宏亮

韦　盛　陈　斌

书名题字：张达平

摄　　影：韦　盛（广西艺术学校）

绘　　图：任毅平（四川省华蓥市蓥艺广告设计制作工作室）

本书资助基金来源：

1.广西壮族自治区卫生和计划生育委员会中医药科技专项项目（任务书编号：GZLC16-09）

2.广西兴仁谷农业科技有限公司

3.广西南宁国色文化传播有限公司

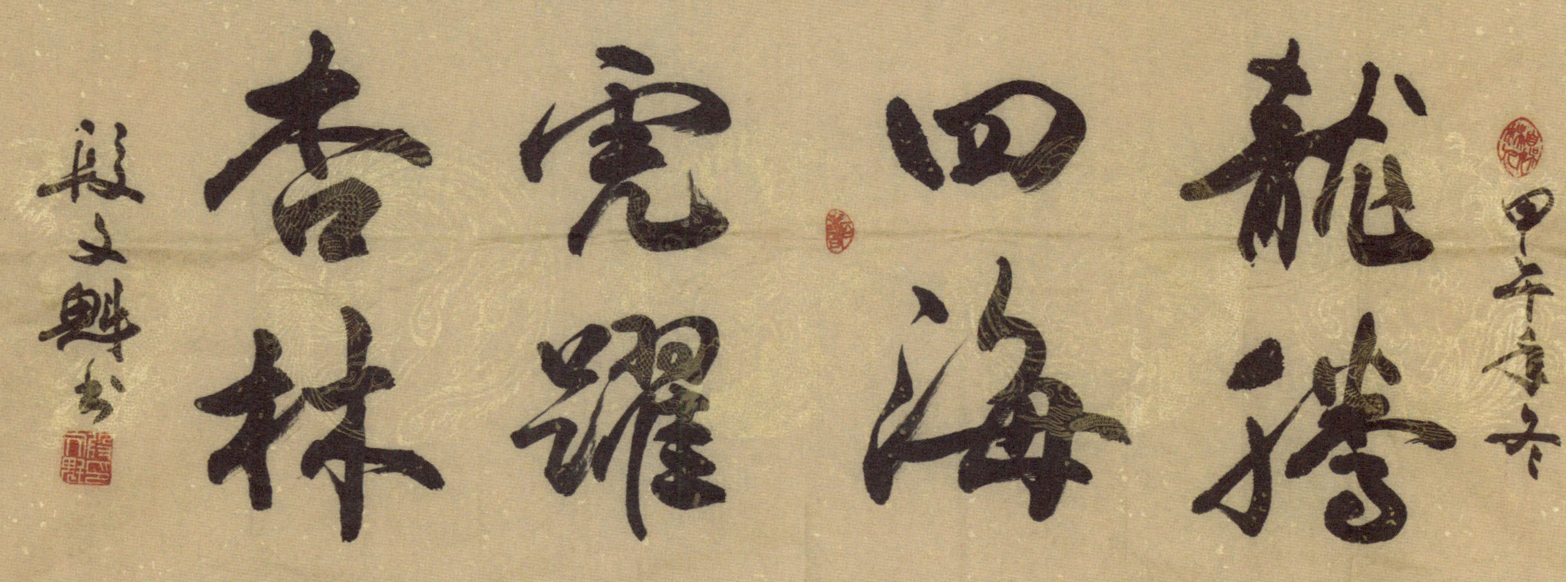

广西针灸推拿学专家、中国书画家协会会员、广西书法家协会会员段文魁教授题赠

序

当今世界，科技和信息化为社会文明的发展、进步贡献极其重大。然而与此同时，人们的疾病结构也在悄无声息地改变。由于来自社会、工作和家庭等诸多因素的影响，癌症患者正在逐年增加；电脑、智能手机在多领域的普及应用，使脊柱退变的相关疾病也在逐年增加并且年轻化。同时，随着人们生活水平和文明程度的不断提高，人们的健康意识也在不断增强，养生观念逐步提升。

然而，当今社会健康与养生观念虽提升不少，但养生方式却繁杂不清、乱象丛生。在我国，论及养生，无不感慨我国本土道家养生思想的积极影响，其中以老子的无为学说强调凡事要“顺天之时，随地之性，因人之心”影响尤为深远。当下社会所认可的维护健康的四大基石为“均衡饮食”“适量运动”“乐观心态”“充足睡眠”。不难看出，其与我国流传至今的养生观念不谋而合，也由此可见，适当的运动在养生中的重要地位。《庄子·刻意》曰：“吐故纳新，熊经鸟申，为寿而已。此道（导）引之士、养形之人，彭祖寿考者所好也。”由此可见，我国古代的导引术中早有模仿动物形神以达到健身、治病、防病目的的养生方法，这也正是东汉医家华佗所著五禽戏的前身。而五禽戏作为具有中医特性的健身养生功法，其养生内涵丰富，流传历史悠久，经历了时代的考验，值得全社会推广和学习，也符合目前社会上认可的以“空、虚、静、松”为主的养生理念。

杨宇医师是我的学生与同事，他自小研习传统武术，就读大学后又专门练习和研究中医传统功法，可谓武术功底扎实。其作为从医十载的针灸推拿学专业硕士和家族中医的传承者，中医理论和临床水平深得认可。此次，以广西壮族自治区卫生和计划生育委员会中医药科技专项项目研究为契机，杨宇医师带领他的团队成员勤求古训、博览众家，在整理、挖掘前人经验和事实的基础上，将五禽戏的中医学内涵进行了深入的剖析和阐述。数年间辛勤耕耘，数易其稿，终成今日之《传统中医养生·华佗五禽戏》一书。

该书经纬分明，文字简洁，重点突出，阐理明细，通过对中医基础理论阐述和延伸，确保了学术性，为五禽戏这套中医健身养生功法的推广和发展研究提供了重要的理论基础。在功法解释的过程中，该书大量采用了朴素平实的语言，保证了通俗性，使本书可以作为一本很好的中医养生科普读物加以推广。其中该书对每式动作讲述后，再运用中医学和现代医学理论对功法进行释义，毫无保留地将杨宇医师及其科研团队多年的研究成果展现给各位读者，供大家学习、参考，弥足珍贵。我认为，《传统中医养生·华佗五禽戏》的出版，对中医健身养生功法的整理和中医养生精粹的传承均将起到积极的促进作用。

广西名中医，广西中医药大学教授、硕士研究生导师、主任医师，广西中医药学会推拿专业委员会主任委员　黄锦军

2016年5月25日于南宁

前言

中医学是我国独有的临床医学理论体系和医学哲学理论体系，是我国优秀传统文化和中华文明的重要组成部分，对我国乃至世界文明的进步都产生了积极的影响。

中医学理论体系，涵盖了对疾病预防、治疗和养生保健的各个方面的阐述。其中“治未病”的防病和养生调理思想在老百姓中尤为受到推崇和认可。在当今社会，健康意识逐步增强，养生观念逐渐成熟，人们正在四处探索和挖掘各种养生保健的方法和途径。中医养生理念也正在日益深入全世界人民的心。中医养生，分为“主动养生”和“被动养生”两个部分。所谓主动养生，就是指通过自身的努力改变那些不利于健康的生活、工作习惯，并养成良好习惯的过程。被动养生，则是指通过自身以外的努力，如药物治疗、理化治疗和调理等而达到养生目的的过程。中医养生锻炼，作为重要的主动养生方法，一直为世代中华儿女所喜爱并影响着全世界。中医外科鼻祖、东汉名医华佗所创的五禽戏是一种外动内静、动中求静、动静具备、有刚有柔、刚柔相济、内外兼练的仿生学功法。相传，华佗的弟子吴普、樊阿，由于几十年坚持练习五禽戏，90多岁时，仍然步履轻捷，耳聪目明，牙齿坚固。可见，在1700多年前，华佗“不治已病，治未病”以预防为主的思想，就已经通过倡导体育锻炼表现出来了。故建议当今诸位均可效仿而推广此独具中医特色的保健养生功法。

华佗五禽戏，作为一套仿生学养生功法，其在习练过程中既具有生动有趣、易于掌握的特点，又具有养生调理和防治疾病的中医特性。本书的编著旨在立足于前人研究的基础上，整理出华佗五禽戏每

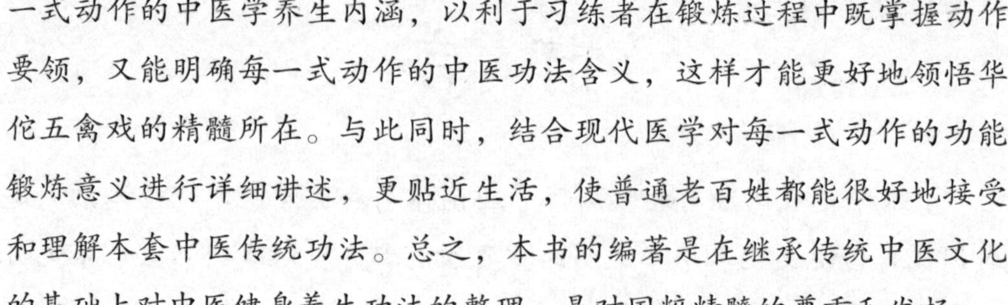

一式动作的中医学养生内涵，以利于习练者在锻炼过程中既掌握动作要领，又能明确每一式动作的中医功法含义，这样才能更好地领悟华佗五禽戏的精髓所在。与此同时，结合现代医学对每一式动作的功能锻炼意义进行详细讲述，更贴近生活，使普通老百姓都能很好地接受和理解本套中医传统功法。总之，本书的编著是在继承传统中医文化的基础上对中医健身养生功法的整理，是对国粹精髓的尊重和发扬。

杨 宇

2016年6月于广西南宁

目录

第一章　五禽戏的历史渊源

第一节　五禽戏的起源

五禽戏是由东汉末年名医华佗在天道自然观的影响下，运用阴阳、五行及气血等相关的传统医学理论，以健身防病为目的，运动脏腑和脊柱为原则创编而成，又称华佗五禽戏，属于古代传统导引养生术之一。五禽戏由5种动作组成，分别是虎戏、鹿戏、熊戏、猿戏和鸟戏，每种动作分别模仿了相应的动物动作，是一种外动内静、动中求静、动静具备、有刚有柔、刚柔相济、内外兼练的仿生学功法。它开辟了后世导引术套路式的先河，在我国乃至世界的传统养生保健史上具有重要的意义。

五禽戏从创编至今已有1700多年历史，是我国历史上流传最为久远的导引养生操，是一种模仿五种动物动作和神态的功法。模仿动物的功法早在汉代以前就有，如《庄子·刻意》提到："吐故纳新，熊经鸟申，为寿而已。此道（导）引之士、养形之人，彭祖寿考者所好也。"《淮南子》提到："若吹呴呼吸，吐故内新，熊经鸟伸，凫浴猿躩、鸱视虎顾，是养形之人也。"湖南长沙马王堆汉墓中出土的帛画《导引图》中绘有多幅模仿熊、鸟、鹤、猿、猴、龙、鹞等动物神态进行锻炼的姿式图。五禽戏起初并没有相关的文字流传，华佗的功绩在于将以前的养生导引术进行系统的总结，并组合成套路，通过口授身传使其得以传播。华佗编创五禽戏的有关记载最早见于西晋陈寿所著的《三国志·华佗传》："吾有一术，名五禽之戏，一曰虎，二曰鹿，三曰熊，四曰猿，五曰鸟。亦以除疾，并利（蹄）足，以当导引。"南北朝时范晔在《后汉书·华佗传》中的记载与此基本相同。（图1-1）

图1–1

第二节　五禽戏的发展源流

一、先秦时期：导引术的推动与发展

导引术最初是由模仿动物的姿态或劳动时的动作编排而成。春秋战国时期，养生的思想与方法日渐成熟，受长寿观念的影响，医家、养生家从治病、养生的角度出发，使中医导引术进一步规范。人们从实际经验中总结出采用“导引按”的方法医治疾病，并根据动物的特点发明了“多禽戏”。老子指出“玄牝之门，是谓天地根。绵绵若存，用之不勤”，主张养生不仅仅需养形、养神，还要善于养气，才能延年益寿。庄子又进一步发扬了老子的思想，主张“天人合一”“清静无为”。

二、汉代：导引术框架的形成

先秦时期导引术式相对简单，相关的文献中仅见记载单个动作，而后世导引术多由此得到启发，加以发挥而形成。秦汉时期医

学技术的进步，也带动了导引术的发展，中医导引术从简单的动作上升至哲学文化的理论高度。西汉初年刘安《淮南子》载有6个导引术式，六禽中有3种属鸟类，与当时所追求“羽仙”的思想相符合，“故胆为云，肺为气，肝为风，肾为雨，脾为雷，以与天地相参也，而心为之主”，根据脏腑与天地自然观的理论将六禽戏与脾、肾、肺、肝、胆、心六脏腑相合。由此，也提出了导引术可作用于脏腑，并逐渐发展为中医的阴阳五行归类。《黄帝内经》将“天人合一”的思想纳入中医理论，并在阴阳五行学说理论的基础上，建立起独特的诊断、养生学说体系。

三、魏晋南北朝、隋唐：导引术的发展与制约

魏晋南北朝时期形成了丰富的养生思想、养生方法，是养生学发展的成熟时期，各种导引术专著和导引图相继出现，导引的术式和名称名目繁多。西晋陈寿所著的《三国志·华佗传》最早出现了关于导引术的文字记载，而随后的《后汉书》所记与此基本相同。南北朝时期，陶弘景的《养性延命录》最早用文字记录了“六字诀呼吸”。《华佗别传》记载：“吴普从佗学，微得其方，魏明帝呼之，使为禽戏。普以年老，手足不能相及，粗以其法语诸医。”在魏晋南北朝，五禽戏突破了单式导引的局限，动作各异，式式相承，神形兼备，注重意守及与呼吸的配合，既独立成节又连贯成套，并在民间广为流传。

隋唐时期，儒学的地位不断提高，儒家尊经崇古，信而好古，述而不作，受思维方式的影响，中医的导引术处于相对稳定状态，历代的增补、变化都极小，理论发展几乎没有质的突破，只是单纯的应用推广、经验积累。华佗五禽戏缓慢发展，突出表现为重应用的趋势，它不仅用于锻炼身体，而且用来治疗多种疾病。此时，隋代巢元方《诸病源候论》有关于200多种的导引术式和具体操作方

法，其中也有摹拟动物的名称，如龙行气、蛇行气、龟行气、鸯行气、雁行气、虾蟆行气等。药王孙思邈继承了华佗的医学思想，提出适当运动的养生方法，包括华佗五禽戏、天竺国按摩十八式、老子按摩法等。

四、宋、明、清：导引术相关书籍较多出现

宋朝统治者提倡医术、刊行医书，并认为其是儒家“仁政”的体现。朝廷组织人员对医书进行征集、汇编、整理、校勘以及出版发行工作，大批医家怀着儒家“济世”的思想著书立说。宋代印刷术的发明，更是成为有力的推动剂，中医导引术相关书籍大量存世，并在此基础上进行了更为深入的研究、演绎。

清道光壬辰年刊行的曹无极所著的《万寿仙书·导引篇》当中的《五禽图》，绘有5张图形及附注图解，书中所介绍的导引姿势与马王堆出土的《导引图》有类似之处，对研究五禽戏在明清时期的发展具有较高的历史价值。席锡蕃的《五禽舞功法图说》等著作图文并茂，要求有神态，并结合气血的运行，较详细地描述了五禽戏的习练方法。这些五禽戏与《养性延命录》所载有较大的出入，后者五禽的动作均为单式，排序也变为虎、熊、鹿、猿、鸟。此时，在传统5种术式的基础上，加入“鹗顾式”和“狮舞式”，作七禽戏。

第三节　五禽戏的现代研究

一、五禽戏对人体心血管系统的影响

经常习练五禽戏对防治心脑血管疾病改善血液循环有一定的效果。习练五禽戏时整个身体为意识下的运动，通过调节气息节奏，

能够促进周身血液循环，改善机体的供氧功能，增强心脏收缩扩张力，促进微循环和大循环、小循环的供血功能。相关的研究已表明，常习练五禽戏能够起到良好的调节血脂异常作用，并可降低高甘油三酯血症患者细胞黏附分子水平。如猿戏主心，猿提时手臂夹于胸前，收腋，上肢的内侧为心经循行部位，通过练习猿提动作可以使心经血脉通畅；猿摘时对心经循行部位也有较好的锻炼作用，加之上肢大幅度的运动，可以对胸廓起到按摩作用，对心脏泵血功能起到积极的作用。心主血脉，常练猿戏，可以改善心慌、心悸、失眠等症状。

二、五禽戏对人体免疫系统的影响

习练五禽戏时，运用前俯、后仰、侧屈、拧转等不同方式的运动，牵拉上肢、下肢各关节韧带和肌肉。在不同意境下的心理调节转换，通过多种方式控制气息，调畅气机，使全身形、气、神集于一体，协调、健康地发展。五禽戏能够有效改善人体的机体免疫功能，在对中老年人练习五禽戏的结果进行对比研究后发现，练习五禽戏2个月对高血压Ⅰ期有良好的疗效，并能降低C反应蛋白（CRP）的含量；练习3个月后，受试者机体NK细胞活性均呈升高趋势；练习6个月后，T淋巴细胞的数量在一定程度上增加了。

三、五禽戏对人体肌肉骨骼系统的影响

研究表明，进行五禽戏锻炼后既能提高骨骼的机械应力效应，加强骨骼的血液循环，促进骨代谢，又可使肌肉力量增大，肌肉收缩所产生的应力可以有效地防止骨量的丢失，从而增强骨密度，并且长期进行华佗五禽戏锻炼能够有效地提高人体的骨密度水平。“虎举”一式，手形富有变化，撑掌、屈指、拧拳，两手掌举起的同时吸入气体，两手掌按下之时呼出气体，如此反复循环能达到疏通三焦气机、调理三焦的效果。

四、五禽戏对人体中枢神经系统的影响

习练五禽戏时要求心境清静，精神内守，仿效五禽，身随意动，增强意念的控制能力。运动是在神经系统的支配下完成的，故习练五禽戏能增强循环系统功能，刺激神经系统。在生动形象的“戏”过程之中，使肢体运动与自然环境、社会环境联系在一起，强化了意识对生命动态变化过程的控制。习练五禽戏时，要求仿效以意导动，用联想和再现动物行走的方法在头脑中形成一整套技术动作。经常习练五禽戏，可使人体的中枢神经系统兴奋性、抑制能力更加集中，不断改善神经系统的灵活性、均衡性，提高大脑的分析、综合能力，使人体更加能够适应万变的外界环境。

五、五禽戏对人体呼吸系统的影响

在习练五禽戏时要求保持胸宽、腹实的姿态，姿势动作要求“气沉丹田”“以心行气，以气运身”。肺脏具有吐故纳新的功能，上肢的升降、开合运动不仅可以牵拉肺经，起到宣通肺经气血的作用，而且还可以通过胸廓的开合直接调整肺的潮汐量，一开一合，张弛有度，促进肺的吐故纳新，提升肺脏的呼吸功能。五禽戏能够有效地改善稳定期慢性阻塞性肺疾病（COPD）患者的肺功能和呼吸困难症状，增强运动能力，调整高身体质量指数（即体质指数，BMI）者的营养状况，缓解或阻止肺功能下降，提高患者的生活质量，达到COPD稳定期的防治目标。

六、五禽戏对人体消化系统的影响

习练五禽戏时要求呼吸自然、深长，致使肺肌和膈肌的活动幅度增加，同时胃、肠、肝等也随之发生运动，促进胃、肠、肝的血液循环，提高胃肠道的张力，促进了胃肠的蠕动，增进了体内的物质代谢过程，提高了消化吸收的能力，增进了食欲，减少了便秘现象。祖国医学认为，熊属土，主脾胃。经常习练五禽戏，特别是熊

戏，练熊晃时，两掌随沿肋、腹部挤压脾、胃、肝等中焦区域的内脏器官，对消化器官进行了很好的体内按摩，对于因神经机能紊乱而产生的胃肠消化不良、腹胀、便秘等疾病有良好的预防以及治疗作用。

七、五禽戏对心理学方面的影响

五禽戏是一种内涵丰富、自我身心锻炼的方法，其功效的发挥在一定程度上也是建立在自我感觉的基础上。五禽戏具有提高练习者注意力，促进人心境变化，改善人抑郁和焦虑状态，增强人的社会交往能力的作用。在习练过程中，要求精神专注于动作，不仅要认真模仿每一种动物的动作形态，而且还要尽力体会它们的心理状态，模仿出它们的心理特征。在这些生动逼真的心理模仿过程中，习练者的心理状态不由自主地快速发生转换，身临其境的感觉可以很快地改变心理状态。经常团体地习练五禽戏可以强健体魄，调节人的情绪，纠正人们的心理障碍及心理疾病，改善人的抑郁、焦虑和紧张状态，提高人的意志力，增强人与自然、社会的和谐度。其积极向上、健康的人际关系的价值取向，与当今和谐社会发展的趋向相一致。

八、五禽戏对人体延缓衰老的影响

人体是一个统一的整体，五脏相辅相成，五禽戏动作仿效虎之威猛、鹿之安舒、熊之沉稳、猿之灵巧、鸟之轻捷，力求蕴含五禽的神韵，其任何一戏的习练，既能主治对应脏腑的疾患，又能兼治其他各脏腑的疾病，故能达到祛病强身、延年益寿的作用。研究发现，习练五禽戏，可提高老年人外周血超氧化物歧化酶活性和脂质过氧化产物丙二醛、雌二醇水平，延缓自由基损伤呈随增龄而增强的趋势，提高性激素水平，增强本体感觉能力和平衡能力，从而有效地延缓衰老进程，并增强神经反应能力和平衡能力。

五禽戏是中华民族文化宝库中一颗璀璨的明珠，以其深厚的文

化底蕴、明显的健身养生效果、巨大的心理健康价值取向引起了现代社会人们的高度重视。

1982年，中国卫生部、教育部和当时的国家体委发出通知，要求把五禽戏等中国传统健身养生功法作为在医学类大学中推广的“保健体育课”的内容之一。2003年，国家体育总局将五禽戏作为传统健身养生功法之一，组织专家对其进行整理编排，并面向全社会推广教授。2005年传统华佗五禽戏被列入安徽省非物质文化遗产名录。2011年5月，国务院公布了第三批国家级非物质文化遗产名录，安徽省亳州市申报的华佗五禽戏名列其中（图1-2、表1-1）。由此，足见其所传承的深厚历史文化内涵。

中华人民共和国中央人民政府

www.GOV.cn

The Central People's Government of the People's Republic of China

网站首页 | 今日中国 | 中国概况 | 法律法规 | 公文公报 | 政务互动 | 政府建设 | 工作动态 | 人事任免 | 新闻

当前位置： 首页>> 公文公报>> 国务院文件>> 国务院文件

中央政府门户网站 www.gov.cn 2011年06月09日 来源：国务院办公厅

【字体：大 中 小】 打印本页 关闭窗口

国务院关于公布第三批
国家级非物质文化遗产名录的通知

国发〔2011〕14号

各省、自治区、直辖市人民政府，国务院各部委、各直属机构：

国务院批准文化部确定的第三批国家级非物质文化遗产名录(共计191项)和国家级非物质文化遗产名录扩展项目名录(共计164项)，现予公布。

各地区、各部门要按照《国务院关于加强文化遗产保护的通知》(国发〔2005〕42号)和《国务院办公厅关于加强我国非物质文化遗产保护工作的意见》(国办发〔2005〕18号)要求，认真贯彻落实“保护为主、抢救第一、合理利用、传承发展”的工作方针，坚持科学的保护理念，扎实做好非物质文化遗产名录项目的保护、传承和管理工作，努力推动非物质文化遗产保护迈上新的台阶，为构建完备的、有中国特色的非物质文化遗产保护制度，推动文化大发展大繁荣，建设中华民族共有精神家园，满足人民群众日益增长的精神文化需求，作出积极的贡献。

国务院

二〇一一年五月二十三日

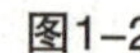

图1-2

表1-1　第三批国家级非物质文化遗产名录传统体育、游艺与杂技部分

序号	项目编号	项目名称	申报地区或单位
1139	VI-56	拦手门	天津市河东区
1140	VI-57	通背缠拳	山西省洪洞县
1141	VI-58	地术拳	福建省精武保安培训学校
1142	VI-59	佛汉拳	山东省东明县
1143	VI-60	孙膑拳	山东省青岛市市北区、安丘市
1144	VI-61	肘捶	山东省临清市
1145	VI-62	十八般武艺	浙江省杭州市余杭区
1146	VI-63	华佗五禽戏	安徽省亳州市
1147	VI-64	撂石锁	河南省开封市
1148	VI-65	赛龙舟	湖南省沅陵县，广东省东莞市，贵州省铜仁市、镇远县
1149	VI-66	迎罗汉	浙江省缙云县
1150	VI-67	掼牛	浙江省嘉兴市南湖区
1151	VI-68	高杆船技	浙江省桐乡市
1152	VI-69	花毽	山东省青州市
1153	VI-70	口技	北京市西城区

目前，越来越多的人选择中国武术作为养生健身的手段。与现代流行的体育项目相比，五禽戏以其博大精深的理论和技术，在促进现代社会人们的健康生活、和谐社会等方面有其独到之处。我们深信，在当今快节奏、高效率、大发展的社会，五禽戏定会得到更多的关注和更广泛的普及，为今天和未来的世界做出新的贡献。

第二章　五禽戏相关的中医医理

第一节　阴阳学说

阴阳学说，是研究阴阳内涵及其运动变化的规律，并用以解释宇宙万物的发生、发展及变化的一种古代哲学理论，是古人认识、阐释宇宙本原及变化的一种世界观和方法论。

一、阴阳的基本概念

阴阳，属于中国古代哲学范畴，于自然界而言，是指相互关联的某些事物或现象对立双方属性的高度概括，即所谓《类经·阴阳类》中说的“阴阳者，一分为二也”。（图2–1）

图2–1

二、事物的阴阳属性

阴阳学说认为，可以用阴阳来概括分析其各自的属性，有宇宙间的相互关联且又对立的事物或现象，和同一事物内部相互对立的两个方面。阴阳除了可以表示相互对立的事物或现象，还可以用来表示同一事物或现象内部的两个方面（表2–1）。

表2–1　阴阳属性表示相互对立的事物或现象

属性	空间（方位）	时间	季节	温度	湿度	重量	性状	亮度	事物运动状态			
阳	上外左南天	昼	春夏	温热	干燥	轻	清	明亮	上升	运动	兴奋	亢进
阴	下内右北地	夜	秋冬	寒凉	湿润	重	浊	晦暗	下降	静止	抑制	衰退

三、阴阳学说的基本内容

（一）阴阳的对立制约

阴阳的对立制约，是指在一个统一体中相互斗争、相互制约和相互排斥的属性相反的阴阳双方。阴阳学说认为，阴阳的双方不仅是对立的，而且是统一的，对立的结果是统一。

（二）阴阳的互根

阴阳的互根，是指在一切事物或现象中，存在的相互对立的阴阳两个方面，它们的关系表现为相互依存、互为根本，即阴和阳不能脱离对方而存在，每一方都以相对的另一方存在作为自己存在的前提和条件。如动为阳，静为阴，没有动就无所谓静，没有静也就无所谓动。明为阳，暗为阴，没有明就无所谓暗，没有暗也无所谓明。故阳和阴相互依存。中医学把阴阳的关系，称之为“互根”。

（三）阴阳的交感

阴阳的交感，是指阴阳二气在运动中阴阳感应而交合，通过摩擦、相错、相荡而作用于对方。宇宙万物依赖阴阳的交感而生成和变化，《周易·咸卦》说：“咸，感也。柔上而刚下，二气感应以相与……天地感而万物化生。”

（四）阴阳的消长

阴阳的消长，是指对立互根的阴阳双方是变幻无穷的，是处于不断的增长和消减的变化之中。阴阳双方无时无刻做着彼此消长的运动，却保持着动态的平衡。

（五）阴阳的转化

阴阳的转化，是指事物总体的属性，在条件充足的情况下，可以向其相反的方向转化，简单而言就是属阴的事物可以转化为属阳的事物，而属阳的事物可以转化为属阴的事物。比如昼夜的变化，属阴的黑夜又可以转化成属阳的白天，属阳的白天可以转化为属阴

的黑夜。人体的病证，属阴的寒证又可以转化成属阳的热证，属阳的热证可以转化为属阴的寒证。

（六）阴阳的自和

阴阳的自和，是指阴阳双方不仅有自动维持和恢复其协调平衡状态的能力，而且也有该种趋势。于生命体来讲，阴阳的自和具体指生命体内的阴阳二气在生理状态和病理状态下自我协调的能力与恢复平衡的能力。

四、阴阳学说在中医学中的应用

（一）脏腑形体分阴阳

脏腑及形体组织阴阳的属性，就大体部位来说，体表为阳，体内为阴；上部为阳，下部为阴。就腹背四肢内外侧来说，四肢外侧为阳，四肢内侧为阴；背为阳，腹为阴。从脏腑来分，六腑属表，传化物而不藏，称“形藏”，故为阳；五脏属里，藏精气而不泻，称“神藏”，故为阴。

（二）经络系统分阴阳

十二正经包括手足三阳经、三阴经，阳经属腑而行于肢体外侧面，一阳分三阳，手阳明经、手少阳经、手太阳经及足阳明经、足少阳经、足太阳经的划分是因其行于上肢与下肢不同来分的。阴经属脏而行于肢体内侧面，一阴被分为手太阴经、手厥阴经、手少阴经及足太阴经、足厥阴经、足少阴经。

（三）调整阴阳以指导养生

养生，又称“摄生”，意为保养生命。养生是为了延年和防病。注重养生可以保持身体健康和防病，“法于阴阳”是其最根本的原则，即遵循自然界阴阳的变化规律来调理人体的阴阳，使人体中的阴阳随着四时的阴阳变化而变化，以保持人与自然界的统一与协调。《黄帝内经·素问·四气调神大论》说：“夫四时阴阳者，

万物之根本也，所以圣人春夏养阳，秋冬养阴，以从其根，故与万物沉浮于生长之门。逆其根，则伐其本，坏其真矣。”根据“春夏养阳，秋冬养阴”的原则，对“能冬不能夏”的阴虚阳亢体质者，冬用凉润之品预养其阴，则夏不易发病；对“能夏不能冬”的阳虚阴盛体质者，夏用温热之药预培其阳，则冬不易发病。此即所谓“冬病夏治”“夏病冬养”之法。

第二节　五行学说

五行学说，是研究五行的概念、特性、生克制化乘侮规律，并用以阐释归纳自然界万物的发生、发展、变化及相互关系的一种哲学思想。

一、五行的概念

五行，即木、火、土、金、水五种物质及运动变化。五，指木、火、土、金、水五种物质；行，指这五种物质的运动变化。

二、五行的特性

《尚书·洪范》说的“水曰润下，火曰炎上，木曰曲直，金曰从革，土爰稼穑”是对五行最经典的概括。现做以下解释：

水的特性：“水曰润下”，润，滋润也；下，下行也。引申为具有滋润、下行、寒凉等特性的事物和现象，属于水。

火的特性：“火曰炎上”，炎，炎热也；上，上升也。引申为凡具有温热、上升等性质的事物和现象，属于火。

木的特性：“木曰曲直”，曲，屈也；直，伸也。引申为凡具有生长、升发、条达、舒畅等性质的事物和现象，属于木。

金的特性：“金曰从革”，从，顺从也；革，变革也。引申为

具有沉降、收敛、清洁等特性的事物和现象，属于金。

土的特性："土爰稼穑"，稼，纯种也；穑，秋收也。引申为具有受纳、承载、生化等性质的事物和现象，属于土。

五行学说中的木、火、土、金、水，已不是五种物质本身，而是五种属性的概括。

三、事物和现象五种属性的归类

五行学说依据五行特性将自然界的事物和现象进行类比和归纳，构建了五行系统（表2–2）。

表2–2　事物属性的五行分类表

自然界						五行	人体						
五味	五色	五化	五气	五方	五季		五脏	五腑	五官	形体	情志	五声	变动
酸	青	生	风	东	春	木	肝	胆	目	筋	怒	呼	握
苦	赤	长	暑	南	夏	火	心	小肠	舌	脉	喜	笑	忧
甘	黄	化	湿	中	长夏	土	脾	胃	口	肉	思	歌	哕
辛	白	收	燥	西	秋	金	肺	大肠	鼻	皮	悲	哭	咳
咸	黑	藏	寒	北	冬	水	肾	膀胱	耳	骨	恐	呻	栗

四、五行学说的基本内容

五行学说的基本内容包括五行相生与五行相克（图2–2）。

（一）五行相生

五行相生是指五行中的一行对另一行具有促进、助长和资生的关系。五行相生的顺序：木生火，火生土，土生金，金生水，水生木。

图2–2　五行相生与五行相克

在相生关系中，任何一行都有"我生"和"生我"两个方面的关系。"生我"者为母，"我生"者为子。因此，五行中相生关系又称为"母子关系"。

（二）五行相克

五行相克是指五行中的一行对另一行具有递相抑制和制约的关系。五行相克的顺序：木克土，土克水，水克火，火克金，金克木。

在相克关系中，任何一行都有“我克”和“克我”两个方面的关系。“克我”者为“所不胜”，“我克”者为“所胜”。因此，五行相克关系又称为“所不胜”和“所胜”的关系。

第三节　藏象学说

藏象学说，主要研究藏象的概念、脏腑的形态结构、生理功能、病理变化及相互联系。其以五脏为中心的整体观，主要体现以五脏为中心的人体自身的整体性及五脏与自然环境的统一性。

一、藏象的概念

藏，有贮藏之意，是指藏于体内的脏器，包括五脏、六腑和奇恒之腑。藏象，藏居于体内，形见于外，故曰藏象。中医学将人体内脏分为五脏、六腑及奇恒之腑三类。

五脏：肝、心、脾、肺、肾。

六腑：胆、胃、小肠、大肠、膀胱、三焦。

奇恒之腑：脑、髓、骨、脉、胆、女子胞。

五脏的生理功能：化生和贮藏精气。特点是藏精气而不泻，满而不能实。

六腑的生理功能：受盛和传化水谷。特点是传化物而不藏，实而不能满。

奇恒之腑：在形态上中空有腔与六腑相似，功能上贮藏精气与五脏相同。

二、藏象学说的基本内容

（一）五脏

1. 心

心为五脏之一，位于胸中、两肺之间、胸膜之上，外有心包护卫。心的主要生理功能是主血脉，主藏神。心为“君主之官”，“五脏六腑之大主”。

（1）主血脉。心主血脉，指心气推动和调控血液在脉管中的运行、流注。血液在血管中运行不息，周流全身，主要是心气的推动和调控作用。

（2）藏神。心，为君主之官，有统领全身脏腑、经络等的生理活动和精神、意识等心理活动的功能。

2. 肺

位于胸腔，左右各一个，覆盖于心之上。肺在五脏六腑中位置最高，覆盖诸脏，有“华盖”之称。肺叶娇嫩，肺体疏松，易受风寒湿邪等侵袭，故有“娇脏”之称。

（1）主气司呼吸。肺是气体交换的场所。人体通过肺的呼吸作用，不断吸入清气，呼出浊气，实现机体与外界空气的交换，维持人的生命。

（2）主行水。肺通过肺气的宣发肃降推动和调控水的运行。肺通过肺气宣发作用输布津液于全身皮毛，肺气通过肃降作用将脏腑代谢所产生的浊液向下输送至肾，形成尿液经过膀胱排出体外。

肺气具有向上、向外运动的特性，可达到升宣和向外周布散的作用；肺气也具有向下、向内的特性，可使肺吸入清气，向下输布精、液，并能肃清肺和呼吸道的异物。

（3）鼻与肺直接相连，具有主通气和主嗅觉的功能。肺气通常，则鼻窍通利，呼吸平稳，嗅觉灵敏。“肺之志为悲”，过度悲

伤可影响人体气的运动，可致肺气宣降运动失调。

3. 脾

脾位于中焦，脾胃同在中焦，是人体对食物进行消化、吸收并输布的重要脏器。

（1）脾主运化，是指脾可以把人体的饮食水谷转化为水谷精微和津液，并具有把水谷精微及津液吸收、传输到全身各脏腑器官的能力。脾的功能正常，则人体所摄入的食物和水液可被转化为人体生命活动所需的能量，使人体营养充分，生命力旺盛。同时，脾的运化正常，气生有源，气足可固摄血液在脉中正常运行而不溢出脉外。

（2）脾气主升，即脾气的运动以上升为主，表现为升清内脏和升举内脏两个方面。升清指脾气的升动转输作用，将胃肠道吸收的营养物质上输于心、肺等，通过心、肺的作用化为气血以营养全身。若脾不能升清，则营养物质不能上升，上不能得到滋养而出现头晕目眩、精神疲惫等不适。脾主升举内脏，指脾气上升能起到维持固定内脏位置的作用，可防止内脏下垂。

（3）脾气的运化功能与肌肉的壮实及功能发挥有着密切的联系，全身的肌肉都赖以脾所运化的水谷精微等的濡养，才能壮实丰满，并发挥其作用。脾气运化正常，则四肢肌肉的营养充足，活动轻便有力。人体其他脏腑的正常运行均有赖于脾所运化的精微物质及津液的濡养，脾气功能正常，则人体康健，不易生病，有病也容易治愈。

4. 肝

肝位于腹腔，右胁之处，对人体气机的调节起到重要的作用。

（1）肝主疏泄。肝气可以疏通、畅达全身气机，起到促进精血津液的运行输布、脾胃之气的升降、胆汁的排泄及情致的顺畅等作

用。肝主升、动、散，具有升发条达之性，故调畅气机为其基础。

（2）肝藏血。肝脏具有贮藏血液、调节血量和防止出血的功能。

肝在五行属木，肝气具有木的条达、伸展舒畅之能，并有主疏泄的生理功能，肝性喜条达恶抑郁；肝主升主动，均反映了肝的生理特性。肝气平和，则人体性情正常。

5. 肾

肾位于腰部脊柱两侧，左、右各一个。肾为“先天之本”，人体的生长、发育等皆与肾关系密切。

（1）肾藏精，主生长发育生殖与脏腑气化。肾具有贮藏、封藏精气的生理功能。精气是构成人体和维持人体生命活动最重要的物质，是脏腑形体等活动的物质基础。精是构成人体和维持人体生命活动，促进人体生长发育和生殖最基本的物质。肾精充足则肾气充足，肾精亏则肾气衰竭。肾精、肾气及其分化的肾阴、肾阳在推动和调节控制脏腑气化过程中起着重要的作用。

（2）肾具有封藏的生理特性。肾气封藏则精气满，人体生命力旺盛，若肾气封藏失职，则会出现喘息、遗尿，甚至小便失禁等。肾“主骨生髓”，肾精及肾气具有促进机体生长发育功能。骨的生长发育有赖于肾精的充足及其所提供的营养。只有肾精充足，骨髓生化有源，骨骼得到骨髓的滋养，才能坚固有力。

（二）六腑

六腑是胆、胃、小肠、大肠、膀胱、三焦的总称，生理特点是“泻而不藏”“实而不能满”。

1. 胆

胆的生理功能是贮藏、排泄胆汁和主决断。胆汁来源于肝，由肝之余气化生，胆汁在肝的疏泄作用下进入小肠，以促进饮食水谷

的消化和吸收。胆主决断，则胆气足的人善断、言行准确、勇敢，剧烈的精神刺激对其所造成的影响较小，且恢复较快。

2. 胃

胃位于腹腔上部，是机体对饮食物进行消化吸收的重要场所，有“水谷之海”之称。胃气具有接受和容纳饮食水谷的作用。胃主腐熟水谷，指胃气具有将食物初步消化的作用。

3. 小肠

小肠的主要生理功能是受盛化物和泌别清浊。指小肠接受胃下传的食糜而受纳之，食糜在小肠内停留一定的时间，由脾气与小肠的共同作用对其进一步消化，化为精微和糟粕两个部分。

4. 大肠

大肠，包括结肠和直肠，是对食物残渣中的水液进行吸收，形成粪便并排出的脏器。大肠接受由小肠下传的食物残渣，吸收其中多余的水液，形成粪便。

5. 膀胱

膀胱是贮存和排泄尿液的器官。

6. 三焦

作为六腑之一的三焦，其功能是疏通水道，运行水液。三焦充填于胃肠道与膀胱之间，引导胃肠中水液渗入膀胱，是水液下输膀胱的道路。

第四节　经络学说

经络是运行全身气血，联络脏腑形体官窍，沟通上下内外，感应传导信息的通路系统，是人体的重要组成部分。经络分为经脉和

络脉两大类。经脉的“经”，有路径、途径之意，是经络系统中的主干，即主要道路。络脉的“络”，有联络、网络之意。络脉是经脉的分支，细密繁多，遍布全身。

一、经络的作用

（一）沟通联络的作用

人体是一个整体，人体体内脏腑和体表肢节可以通过经脉的沟通实现相互联系。《黄帝内经·灵枢·海论》云：“夫十二经脉者，内属于腑脏，外络于肢节。”每条经络与特定的脏腑发生联系，对外联络肢节、皮肤；同时，十二经脉的走行过程中，又经过口、眼、耳、鼻、舌等官窍，如手阳明“挟口”，足阳明“起于鼻”。因此，脏腑的功能和病理变化可以通过经络反映于相应的官窍。

（二）运输渗灌与传导作用

推拿、针灸等能防病治病，正是基于经络具有传导感应和调整虚实的作用。这些方法正是通过经气对信息的感受和运载作用，各种信息和刺激可以随经气到达身体各部，起到调整机体虚实的作用。同时，经络具有运输渗灌气血的作用，经脉作为运行气血的主要通道，具有运输和渗灌气血到达脏腑官窍及经络自身的作用。正是由于经络的这些作用，气血得以濡养内脏官窍，机体生理机能可以正常发挥，传导的作用使得机体各部分的情况通过经络反映于人体，反映出不同的症状和体征。

（三）调节作用

经络通过其沟通联络、运输渗灌气血和传导作用，对机体脏腑形体官窍的功能活动进行调节，使人体复杂的生理功能相互协调，维持动态平衡。通过各种方法调节经络，可促使人体机能活动恢复

平衡。针灸、推拿等都是调节经络的重要方法。

二、十四正经的循行分布

（一）手太阴肺经

起始于中焦，向下络大肠，还循胃口，穿过膈肌，属肺，从肺系横行至胸部外上方，出腋下，循上肢内侧前缘，通过肘窝，进入寸口，上行至鱼际，出于大指之端。

分支：从腕后分出，沿掌背直至次指桡侧端，交于手阳明大肠经。

联系的脏腑器官：肺脏、大肠、胃、气管、喉咙。

（二）手阳明大肠经

起于食指桡侧末端，沿第二掌骨桡侧端行于上肢外侧前缘，上肩，至肩关节前缘，向上与督脉交会于大椎穴，再向前下至锁骨上窝，进入胸腔络于肺，经膈肌下行到大肠，属大肠。

其分支循锁骨上窝上行，经颈至面颊，入下齿中，出来挟口两旁，左右交叉在人中，行至对侧鼻翼旁，经气于迎香穴处与足阳明胃经相接。

联系的脏腑器官：口、下齿、鼻、大肠、肺。

（三）足阳明胃经

循行部位起于迎香穴，挟鼻上行交于鼻根部，与旁边的足太阳经相交，往下沿鼻部外侧循行，进入上齿中，还出挟口，环绕嘴唇，在颏唇沟承浆穴处左右相交，退回下颌骨后下缘至大迎穴处，再沿下颌角（颊车）上行过耳前，经过上关穴，沿发际（头维），到额头前。

本经脉分支从大迎穴前方下行到人迎穴，沿喉咙下后行至大椎穴，再返回前行，进入缺盆，入体内，向下穿过膈肌，属胃，络脾。向下一支是从缺盆出体表，沿锁骨中线下行，挟脐两旁（旁开

二寸），直行至腹股沟外的气街穴。

本经脉又一腹内分支从胃口向下于幽门处分出，沿腹腔内下行至气街穴，与上直行之脉会合，之后沿大腿前侧下行，至膝膑中（犊鼻穴）沿下肢胫骨外侧前缘下行至足背，入次趾外侧端（厉兑穴）。

本经脉的另一分支从膝下3寸处（足三里穴）分出（丰隆），下行入中趾外侧端。又一分支从足背分出，向前入足大趾内侧端（隐白穴），经气交于足太阴脾经。

联系的脏腑器官：鼻、目、上齿、口唇、喉咙和乳房，属胃，络脾。

（四）足太阴脾经

起始于足大趾内侧末端，循大趾内侧赤白肉际处，上行经过内踝的前缘，再沿小腿内侧正中线上行。于内踝尖上8寸处，与出足厥阴肝经相交后行于其之前，向上沿大腿内侧前缘循行，进入腹中，属脾，络胃。上通过膈肌，沿食道两旁，连舌本，散舌下。

分支：从胃部分出，上通过膈肌，注心中，交于手少阴心经。

联系的脏腑器官：脾、胃、心、咽、舌。

（五）手少阴心经

从心中开始，走出后属心系，下过膈肌，络小肠。

分支：从心脏的系带部（心系）分出，挟食道上行，联结目系。

直行者：从心脏的系带部上行经至肺，向下浅出腋下（极泉），循上臂内侧后缘，过肘中，沿前臂内侧后缘，到掌后豌豆骨部，入掌中，沿小指桡侧出于末端，交手太阳小肠经。

联系的脏腑器官：心、小肠、心系、肺、咽、目系、食管。

（六）手太阳小肠经

经循行路线起自手小指外侧末端，沿手掌尺侧缘上行，出尺骨

茎突，沿前臂后边尺侧直上，从尺骨鹰嘴和肱骨内上髁之间向上，沿上臂后内侧出行到肩关节后，绕肩胛，在大椎穴处（后颈部椎骨隆起处）与督脉相会。又向前进入锁骨上窝，深入体腔，联络心脏，沿食道下行，穿膈肌，到胃部，入属小肠。

其分支从锁骨上窝沿颈上面颊到外眼角，又折回进入耳中。另一支脉从面颊部分出，经眶下，达鼻根部的内眼角，然后斜行到颧部。脉气由此与足太阳膀胱经相接。

联系的脏腑器官：食管、横膈、胃、心、小肠、耳、目内外眦。

（七）足太阳膀胱经

循行部位起于目内眦（睛明穴），上达额部，左右交会于头顶部（百会穴）。本经脉分支从头顶部分出，到耳上角部。

直行本脉从头顶部分别向后行至枕骨处，进入颅腔，内络脑，回出项部分别下行（天柱穴），交于大椎穴，再分左右沿肩胛内侧，脊柱两旁（1.5寸处），到达腰中（肾俞穴），进入脊柱两旁的筋肉，深入体腔，络肾，属膀胱。

本经脉一分支从腰部分出，挟脊柱旁下行，穿过臀部，从大腿后侧外缘下行至腘窝中（委中穴）；另一分支从项部分出下行，通过肩胛内侧缘，从附分穴挟脊（三寸）下行至髀枢，沿大腿外侧后边下行至腘窝中与前一支脉交会后下行穿过腓肠肌，出走于足外踝后，沿第五跖骨粗隆至小趾外侧端（至阴穴），下接足少阴肾经。

联系的脏腑器官：目、鼻、脑、膀胱、肾。

（八）足少阴肾经

起于足小趾下，斜向足心，出于舟骨粗隆之下，沿内踝之后，分支进入足跟中，向上沿小腿内，出腘窝内侧，上行大腿内后侧，入脊内，通过脊柱至腰部，属肾，络膀胱。

直行者，从肾上行，通过肝、膈，入肺，沿喉咙，至舌根两旁。

分支：从肺中分出来，络心，流注入胸中，交于手厥阴心包经。

联系的脏腑器官：肾、膀胱、肝、肺、心、喉咙、舌。

（九）手厥阴心包经

从胸中开始，出属心包络，下穿膈，依次络于上、中、下三焦。它的一支脉从胸中分出，沿胁肋到达腋下3寸处（天池穴）向上至腋下，沿上臂内侧，行手太阴、手少阴之间，入肘，下至前臂，过腕部，入掌中（劳宫穴），沿中指桡侧出于末端；另一支脉从掌中分出，沿无名指出其尺侧端（关冲穴），交手少阳三焦经。

联系的脏腑器官：心包、三焦。

（十）手少阳三焦经

该经起自无名指末端尺侧，上出于第四、第五两指之间，沿手背至腕部，向上经尺、桡两骨之间通过肘尖部，沿上臂后到肩部，在大椎穴处与督脉相会；又从足少阳胆经后，前行进入锁骨上窝，分布在两乳之间，脉气散布联络心包，向下贯穿膈肌，统属上、中、下三焦。

其支者：一支脉从膻中上出缺盆。上项部，联系耳后，直上出耳角，以屈下颊至目眶中；另一支脉从耳后进入耳中，走至耳前，在面颊部与前条支脉相交，到达外眼角。脉气由此与足少阳胆经相接。

联系的脏腑器官：耳、目、三焦、心包。

（十一）足少阳胆经

起始于目外眦（瞳子髎穴），上行至头角（颔厌穴），下耳后（完骨穴），再折回上行，沿额部，至眉上，再后行至风池穴，沿

颈侧行到肩部，双侧交会于大椎穴，前行入缺盆。

本经脉第一分支从耳后进入耳中，走于耳前，至目外眦后方。第二分支从外眼角分出，下行向大迎穴，同手少阳经面部支脉相合，行至目眶下，向下的经过下颌角部（颊车）下行至颈部，与前脉会合于缺盆后，贯膈肌，络肝，属胆，沿胁里出气街，绕阴部毛际，横向至髋关节处。直行向下的经脉从锁骨上窝下行至腋下，沿胸侧，过季肋部，下行至环跳穴处与前脉会合，由此向下沿大腿外侧，出膝外侧，下行于腓骨前面，直至腓骨下端，出外踝之前，沿足背入足第四趾外侧端（足窍阴穴）。第三分支由足背分出，进入大趾趾缝，前行出足大趾外侧端，回转通过爪甲，出甲后丛毛处，接足厥阴肝经。

联系的脏腑器官：耳、目、肝、胆。

（十二）足厥阴肝经

起源于足大趾背毫毛处，上沿足背至内侧，至内踝1寸处，向上沿小腿内侧，在内踝尖上8寸处与足太阴脾经相交，上行过膝内侧，沿大腿内侧中线进入阴毛中，环绕阴部，至小腹，挟胃旁边，属肝，络胆，向上通过膈肌，布于胁肋部，沿气管之后，向上进入鼻咽部，上接目系，出于额，督脉会于头顶部。

一分支：从目系分出，下行颊里，环绕唇内。

另一分支：从肝分出，过膈肌，向上流注入肺，交于手太阴肺经。

联系的脏腑器官：肝、胆、胃、肺、外生殖器、目、喉、鼻。

（十三）任脉

起于小腹内胞宫，下出会阴毛部，经阴阜，沿腹部正中线向上经过关元等穴，到达咽喉部（天突穴），再上行到达下唇内，环绕口唇，交会于督脉之龈交穴，再分别通过鼻翼两旁，上至眼眶下（承

泣穴），交于足阳明经。其分支从胞中别出，并冲脉，行脊柱前。

联系的脏腑器官：胞中、咽喉、唇口、目。

（十四）督脉

起于小腹内胞宫，下出会阴部（也有说起于长强穴），向后行于腰背正中至尾骶部的长强穴，沿脊柱上行，经项后部至风府穴，进入脑内，沿头部正中线，上行至巅顶百会穴，经前额下行鼻柱至鼻尖的素髎穴，过人中，至上齿正中的龈交穴。

一分支：从脊里分出，络于肾。

另一分支：从小腹内分出，直上通过脐中，贯心，至下颌部，环嘴唇，再上至双眼下部中。

联系的脏腑器官：胞中、心、脑、喉、目。

第五节　气、血、津液学说

气、血、津液是构成人体的基本物质，同时也是维持人体生命活动的基本物质。气、血、津液是人体脏腑、经络等组织器官生理活动的产物，也是组织器官进行生理活动的物质基础。

一、气、血、津液的概念

气是人体内一种活力很强、不断运动且无形可见的极精微物质，是构成和维持人体生命活动的基本物质之一。按层次不同可分为人身之气、元气、宗气、营气、卫气、脏腑之气、经络之气等。

血是一种运行在血管中富有营养的红色液体，是构成和维持人体生命活动的基本物质之一。

津液是人体一切正常水液的总称，是各组织器官的内在液体和分泌物，同时也是构成和维持人体生命活动的主要物质之一。

二、气、血、津液的生理功能

（一）气的生理功能

1. 推动与调控作用

推动作用是指一身之气中阳气的激发、兴奋、促进作用。表现为：气能激发和促进人体的生长发育及各脏腑经络等组织器官的生理功能，推动精血津液的生成、运行、输布及代谢等。

调控作用是指一身之气中阴气减缓、抑制、固摄等作用。表现为：一方面，气能抑制和减缓人体的生长发育以及精血津液的生成和输达；另一方面，气能抑制和固摄人体各脏腑经络的生理功能以及精神活动。

2. 温煦和凉润作用

温煦作用是指气中属阳的部分即阳气的促进产热、消除寒冷、温煦人体的作用。表现为：温煦机体来维持相对恒定的体温；温煦脏腑、经络、官窍来维持正常的生理活动；温煦精血津液，使其“得温而行”。

凉润作用是其中属阴的部分即指阴气的抑制产热、消除热量、使人体寒凉的作用。表现为：凉润机体来维持相对恒定的体温；凉润脏腑、经络、官窍，防止生理机能过亢；凉润精血津液，防止代谢运行失常。

3. 防御作用

防御作用是指气能护卫肌表，防御外邪，祛除体内的病邪。“正气存内，邪不可干。”如果气的防御功能正常，则外邪不可侵袭机体；反之，则外邪侵犯机体而患病。

4. 固摄作用

固摄作用是指气对体内血、津液、精等液态物质的固护、统摄和控制作用，从而防止这些物质无故流失，保证它们在体内发挥正

常生理功能。表现为：固摄血液，使其循行脉中；固摄津液，如汗液、尿液、胃液、肠液、唾液等，使其有节律地排泄；固摄精液，防止其妄行遗泄。

5. 中介作用

中介作用指气是信息的载体，能维系机体的整体联系。

（二）血的生理功能

1. 濡养作用

血液由水谷精微化生而成，含有人体所需的丰富营养物质，可濡养和滋润全身各脏腑组织器官。如机体得到血液的充分濡养，则面色红润，肌肉结实，皮肤明润，感觉敏锐，活动自如；反之，血量亏虚，濡养功能失常，则可能出现面色黯淡，肌肉瘦削，筋弱无力，皮肤枯涩，毛发不荣，活动不畅。

2. 化神作用

《黄帝内经·素问·八正神明论》曰："血气者，人之神，不可不谨养。"这说明血是机体精神的重要物质基础。神靠血养，如果人体血量充盈，则神志清晰，思绪敏捷；若血液亏虚，运行失常，则可出现神志异常。

（三）津液的生理功能

1. 滋润作用

津液为液体物质，有很强的滋润作用，含有丰富的营养物质，故又有濡养作用。津的质地清稀，散达肌表以润肌肉皮毛，输注孔窍以润官窍；液的质地浓稠，内入人体能濡养脏腑经络，充盈骨髓、脊髓、脑髓，滑利关节。

2. 充养血脉作用

津液渗入脉中，成为血液中重要的组成部分。津液又有调节血液浓度的作用。如血液浓度升高时，脉道外的津液渗入脉中，中和

血液浓度，补充血量；反之，机体津液亏少时，脉内血中之津液逸出脉外补充机体津液。血液精液皆由水谷精微化生而成，且两者相互转化，这也能很好地体现“精血同源”的内涵。

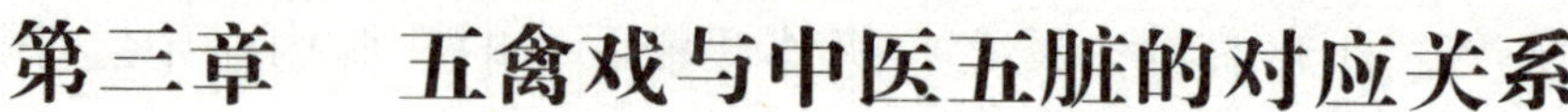

第三章　五禽戏与中医五脏的对应关系

很早以前，古人就把万事万物都按金、木、水、火、土进行分类，也就是所谓的五行。五行相生相克，互为转化，这是把五行带入人体五脏的一种说法，中医也多以此来取象比类、推演络绎进行归类、诊断。中医把人体五脏对应的五行关系分别定为肺属金、肝属木、肾属水、心属火、脾属土，从而形象地将人体内在的五脏与五行密切地联系起来。

在华佗五禽戏中，中医外科鼻祖、东汉名医华佗对五禽与五行也有着深刻的认识，并明确指出五禽与五行的对应关系，即虎戏属木、鹿戏属水、熊戏属土、猿戏属火、鸟戏属金。因此，从五行这个角度来思考五禽戏与人体五脏的关系，就有虎戏与肝脏都归属于木，鹿戏与肾脏都归属于水，熊戏与脾脏都归属于土，猿戏与心脏都归属于火，鸟戏与肺脏都归属于金。中医认为“同气相求”，故虎戏与肝、鹿戏与肾、熊戏与脾、猿戏与心、鸟戏与肺之间必然有着内在的相通应联系。

练习五禽戏，不仅是形体姿态上的锻炼，而且更多的是对我们内在脏器的锻炼和自我按摩。随着传统文化的日益兴盛，人们对传统文化逐渐了解，世界人民对中华传统文化的关注越来越热切，而中国的传统功法必将被更多的人所认识和接受。众所周知，西方人的养生多半是外在形态上的健美，而东方人的养生则注重内在脏腑功能的锻炼。中医认为，人是以五脏为中心的一个有机整体，说明五脏在人体的中心地位、重要地位。因此，对五脏的锻炼，有利于机体内在五脏生理功能的正常发挥，从而实现人体根本意义上的健康。

第一节 练虎戏 养肝气

虎戏在五禽戏中对应的五行属木，而肝脏在五脏中对应的五行亦属木，虎戏与肝脏皆有木的特性。

《尚书·洪范》中解释五行时曰："五行：一曰水，二曰火，三曰木，四曰金，五曰土。水曰润下，火曰炎上，木曰曲直，金曰从革，土爰稼穑。"由此可见，古人早就对五行的相应归属有着透彻的认识。从中，我们可以清楚地认识到：木曰曲直，曲，即弯曲、卷缩；直，即伸展、伸直。引申为凡具有生长、升发、伸展、舒展、扩展、能曲、能直等特征和作用趋势的事物和现象，都归属于木。

从五行中木行的特征着手，我们就不难发现虎戏、肝脏与木的通应关系。《黄帝内经·素问·六节藏象论》指出："肝者，罢极之本。"肝为罢极之本主要表现在以下两个方面：一是，筋主屈伸，同气相求，人体关节的屈伸、肢体的运动，由乎筋之弛张，筋之运动而形成的屈伸，类同"木曰曲直"之性，故筋之功能与肝有关。二是肝藏血，血养筋。筋，即筋膜，其附于骨而聚于关节，是连接关节、肌肉，主司运动的组织，包括现代医学的肌腱、韧带等。《医门法律·脏腑赋》说："人身运动，由乎筋力所为，肝养筋，故曰罢极之本。"若久行久动，则筋力疲惫，即所谓"久行伤筋"。可见肝为"罢极之本"是对肝脏生理功能病理变化的概括。

众所周知，老虎有"百兽之王"的称号，只要谈及老虎，就让人想到凶猛、有力等。细细想来，老虎的这些本领与筋有着密切的联系。老虎的力量为什么如此之大？这与筋有关，也就是通过筋的屈伸运动，老虎的力量才能产生。而筋的屈伸正是木曲直之意，故木的曲直特性不论是在"罢极之本"的肝，还是在"百兽之王"的

虎，都是通过筋来彰显。

虎戏主要的功法套路有虎举与虎扑两式，可以从虎举、虎扑来讲述虎戏与肝（木）的通应关系：一是虎举。虎举主要是锻炼爪功。中医认为“肝在体合筋，其华在爪”，说明五脏之肝对应五体之筋，人体之筋的生理功能正常与否，实际上直接反应肝的生理功能的盛衰。二是虎扑。从虎扑的动作要领中可以看到，虎扑主要起到拉伸肝经、胆经的作用，尤其是上体前俯，两手尽力向前伸，而臀部向后引，可以充分地拉伸到胆经，而屈膝下蹲、收腹含胸要与伸膝、送髋、挺腹、后仰动作过程连贯，则是充分拉伸到肝经。中医认为“经脉是联系脏腑、沟通内外的通道”，所以练习虎扑，拉伸肝经、胆经，也是对肝脏最好的锻炼。虎扑这一屈一伸之象，正好彰显肝脏“木曰曲直”的功能，正好有利于肝脏疏泄功能的发挥。

中医认为“肝主疏泄”，泛指肝气具有疏浚、条达、升发、畅泄等综合生理功能。其主要表现在调节精神色志，促进消化吸收，以及维持气血、津液的运行三个方面。所以，虎扑中屈伸的动作，有助于肝脏疏泄功能的正常发挥。

综上所述，练虎戏，养肝气。

第二节　练鹿戏　养肾气

鹿戏在五禽戏中对应的五行属水，而肾脏在五脏中对应的五行亦属水，鹿戏与肾脏皆有水的特性。

《尚书·洪范》中解释五行之水时指出“水曰润下”，“润”，即滋润，濡润；“下”即向下，下行。润下，是指水具有

滋润、下行的特性，引申为凡具有滋润、濡润、下行等性质或作用的事物和现象都归属于水。俗话说“水往低处流”，确确实实体现了水的下行的特点。同时，水也有“随圆就方，随方就圆”的属性，这也就体现了水的柔和、灵动的特点。古语云“水利万物而不争”，也证实了水的柔和、灵动。

《黄帝内经·素问·上古天真论》指出：“肾者主水，受五脏六腑之精而藏之。”中医认为：“肾为水脏。”在《黄帝内经·素问·逆调论》中有曰：“肾者水脏，主津液。”这说明肾脏在调节人体水液平衡方面起着极为重要的作用。肾脏对体内水液的潴留、分布与排泄，主要靠肾气的“开”和“阖”。“开”主要是输出和排泄水液，“阖”指潴留一定量的水液在机体内。在正常情况下，由于人的肾阴、肾阳是相对平衡的，肾气的开阖是协调的，因此尿液排泄正常。如果肾有病，失掉“主水”的功能，以维持体内水液代谢的平衡，而发生水肿等病症。因此，机体肾脏功能的正常与否，是决定机体水液正常代谢的关键。

生活中，我们所见的梅花鹿，也充分彰显着五行之水的特性。如鹿过着自由自在、与世无争的悠闲生活，人看到梅花鹿，其内心好像也柔和、舒坦了许多；又如鹿的跳动、奔跑，不正是水的灵动的特征吗？想必古圣先贤们在模仿、演化鹿戏时，正是融合了以上两个因素。

鹿戏主要的功法套路有鹿抵与鹿奔两式。鹿戏与肾（水）的通应关系：一是鹿抵。中医认为，“腰为肾之府”，即腰是肾脏的家，反过来就是说肾脏是腰的主人。古话说：“肾气一虚，腰必痛矣。”当一个人总是出现腰疼的症状时，如果没有器质性病变，可能就是肾虚了。这时，就该补补肾了。肾主骨生髓，如果肾精不足，骨的支撑力就会减弱，首先受到影响的就是腰部。所以腰疼

了，可能是肾虚引起的。二是鹿奔。从鹿奔的动作要领中可以知道，鹿奔主要起到拉伸肾经、膀胱经的作用，尤其是提腿前跨要有弧度，落步轻灵及身体后坐时，两臂前伸，可以充分地拉伸到肾经、膀胱经，所以练习鹿奔，拉伸肾经、膀胱经，是对肾脏最好的锻炼。

综上所述，练鹿戏，养肾气。

第三节　练熊戏　养脾气

熊戏在五禽戏中对应的五行属土，而脾脏在五脏中对应的五行亦属土，熊戏与脾脏皆有土的特性。

《尚书·洪范》中指出："土爰稼穑"，是指土有种植和收获农作物的作用，因此引申为具有生化、承载、受纳作用的事物，均归属于土，有"土载四行"和"土为万物之母"之说。所谓"稼穑"，植物播种谓之稼，庄稼收获谓之穑。古谓："春种为稼，秋收为穑。"土有播种庄稼、收获五谷、化生万物的作用。属土的时令是长夏，即指在夏天中干热过去，开始下雨的一段时间，此时暑热多湿，正是万物蔬果生长的时期，与土性相应。水谷清阳之气由脾气输布，充养四肢，四肢的功能活动与脾有密切关系。

脾是消化系统的主要脏器，人体的消化功能主要归属于脾。脾运化水谷精微，维持着五脏、六腑、四肢百骸和皮毛筋骨等脏腑组织器官的生理功能。水湿即人体内的水液，运化水湿是指脾对水液的吸收、转输布散和排泄的作用，说明脾在调节水液代谢、维持水液代谢平衡方面发挥着重要作用。人出生以后，饮食水谷是机体所需营养的主要来源，也是化生气血的主要物质基础，是生命的根

本。饮食物的消化，水谷精微的吸收、布散，主要靠脾的运化功能完成，所以有脾为“后天之本”“气血生化之源”的见解。由于脾为后天之本，因此其在防病和养生方面也有着十分重要的意义。金元时代著名医家李东垣是“补土派”的代表人物，在其《脾胃论》中指出：“内伤脾胃，百病由生。”因此在日常生活中，不仅要注意饮食营养，而且更要注意保护脾胃，在临床治疗用药时亦应兼顾脾胃。

熊戏主要的功法套路有熊运与熊晃两式。熊戏与脾（土）的通应关系：一是熊运。熊运的关键作用是锻炼腹部运化功能，对应“脾主运化”的功能。二是熊晃。首先，熊晃主要起到拉伸脾经、胃经的作用，尤其是用腰侧肌群收缩来牵动大腿上提，按提髋、起腿、屈膝的先后顺序提腿，可以充分地拉伸到脾经，而两脚前移，横向间距稍宽于肩，随身体重心前移，则是充分拉伸到胃经。其次，熊晃之象正好彰显脾（土）“灌四旁”的功能。《黄帝内经·素问·太阴阳明论》曰：“四肢皆禀气于胃而不得至经，必因于脾乃得禀也。”所以，熊戏中的熊运、熊晃动作，有助于脾脏运化功能的正常发挥。

综上所述，练熊戏，养脾气。

第四节　练猿戏　养心气

猿戏在五禽戏中对应的五行属火，而心脏在五脏中对应的五行亦属火，猿戏与心脏皆有火的特性。

《黄帝内经》曰：“心者，君主之官，神明出焉。”心鼓一身之脉，故曰“君主之官”，就是说全身血液的流动都依赖于心脏的

泵血功能，所以心脏被称为“君主之官”。脉导一体之意，故曰“神明出焉”，说的是只有全身血液通畅，人的意识才能是清楚的，神明就是人的意识、精神活动。所以中医基础理论把心的主要生理功能归纳为：心，主血脉，主神志。这就是心的两个主要的生理功能。

心主血脉，包括主血和主脉两个方面。全身的血都在脉中运行，依赖于心脏的搏动而输送到全身，发挥其濡养的作用，故《黄帝内经·素问·五藏生成篇》说：“诸血者，皆属于心。”脉，即血脉，又可称经脉，为血之府。脉是血液运行的通道，脉道的通利与否，营气和血液的功能健全与否，直接影响着血液的正常运行。中医基础理论认为，心脏能否正常搏动，主要依赖于心气是否充盈。心气充盈，才能使心率和心律正常，血液才能正常地在脉内运行，周流不息，营养全身，而见到面色红润有光泽，手脚温暖，脉象和缓有力等外在的表现。血液的正常运行，也有赖于血液本身的充盈。如果血液衰少，经脉空虚，同样也可以直接影响心脏的正常搏动和血液的正常运行。所以，血液的正常运行，必须以心气充沛、血液充盈和脉道通利为其最基本的前提条件。如果心气不足，血液亏虚，脉道不利，势必形成血流不畅或血脉空虚，而见面色无华、手脚冰凉、脉象细弱无力等外在表现，甚至发生气血瘀滞，血脉受阻，而见面色灰暗，唇暗舌青紫，心前区憋闷和刺痛，以及脉象结、代、促、涩等外在表现。

心主神志，即是心主神明，或称“心藏神”。这里的“神”有广义和狭义之分。广义的神，是指整个人体生命活动的外在表现，如整个人体的形象以及面色、眼神、言语、应答、肢体活动姿态等，无不包含于神的范围。换句话说，凡是机体表现于外的“性征”，都是机体生命活动的外在反应，也就是通常所说的“神

气”。狭义的神，即是心所主之神志，是指人的精神、意识、思维活动。由于人的精神、意识、思维活动不仅仅是人体生理功能的重要组成部分，而且在一定条件下，又能影响整个人体各方面生理功能的协调平衡，因此《黄帝内经·灵枢·邪客》说：“心者，五脏六腑之大主也，精神之所舍也。”人的精神、意识、思维活动是大脑的生理功能，即大脑对外界事务的反映。但在中医学脏象中则将人的精神、意识、思维活动不仅归属于五脏，而且主要归属于心的生理功能。《黄帝内经·灵枢·本神》说：“所以任物者谓之心。”古人把心称作“五脏六腑之大主”，是与心主神明的功能分不开的。人的精神、意识、思维活动虽可分属五脏，但主要归属于心主神明的生理功能。因此，心主神明的生理功能正常，则精神振奋，神志清晰，思考敏捷，对外界信息的反应灵敏。如果心主神志的生理功能异常，则可出现精神意识思维的异常，从而出现失眠、多梦、神志不宁，甚至谵狂，或可出现反应迟钝、健忘、精神萎顿，甚则昏迷、不省人事等临床表现。

猿戏分为猿提和猿摘两式。猿提时，手臂夹于胸前，收腋，手臂内侧有心经循行。练习猿提动作，可以使心经血脉通畅。猿摘时，对心经循行部位也有较好的锻炼作用，加之上肢大幅度地运动，可以对胸廓起到挤压按摩作用，这些对心脏泵血功能都有好处。因此，常练猿戏，可以改善心悸、心慌、失眠多梦、盗汗、肢冷等症状。习练者练了五禽戏中的猿戏之后，心平气和，情志畅通，气血协调。尤其对于高血压患者来说，情绪改善之后，血压自然也就降下来了。

综上所述，练猿戏，养心气。

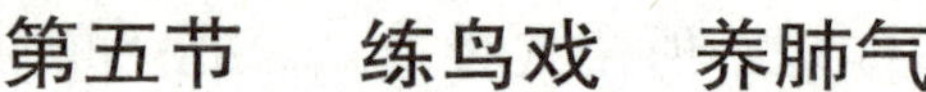

第五节　练鸟戏　养肺气

鸟戏在五禽戏中对应的五行属金，而肺脏在五脏中对应的五行亦属金，鸟戏与肺脏皆有金的特性。

《黄帝内经·素问·六节藏象论》曰："肺者，气之本。"《黄帝内经·素问·五藏生成篇》又曰："诸气者，皆属于肺。"所以中医基础理论把肺的主要生理功能归纳为：肺主气，司呼吸；朝百脉，主治节。这就肺的两个主要的生理功能。

肺主气、司呼吸主要体现在以下两个方面：一是人体之气的生成必须有赖于肺吸入的清气。这既是维持机体生命活动所必不可少的条件，又是人体之气的重要组成部分。二是体现在肺对全身气机具有调节作用。《黄帝内经·素问·经脉别论》曰："……游溢精气……上归于肺……水精四布，五经并行。""脉气流经，经气归于肺，肺朝百脉，输精于皮毛。"肺的呼吸运动，乃是气的升降出入运动的一种表现形式。肺有节律的一呼一吸，是维持和调节全身气机正常升降出入的重要因素。因此，肺的呼吸异常必然会导致机体气机的阻滞不畅或升降出入的异常。肺主气的功能正常，则气道通畅，呼吸均匀和调，清气吸入充足，宗气生成有源，气机容易调畅。若肺气不足，不仅会引起呼吸功能减弱，而且会影响宗气的生成和运行，从而出现咳喘无力，气少不足以息，动则更甚，声音低怯，体倦乏力等气虚的症状。

肺朝百脉，用现代医学来解释，即全身血液都朝会于肺，其的生理意义在于：全身的血液都通过肺脉流注于肺，通过肺的呼吸功能，完成气体交换，然后再输布全身。肺主治节，调节全身之气机，而血液的正常运行，亦依赖于肺的输布和调节，故有"血非气不运"之说。《黄帝内经·素问·灵兰秘典论》曰："肺者，相傅

之官，治节出焉。”这是将肺比喻为辅佐一国之君的宰相，协助心君，调节全身。肺的治节作用概括起来主要体现在三个方面：一是肺有节律地呼吸运动，协调全身气机升降出入，使脏腑功能活动有节；二是辅助心脏，推动和调节血液的运行；三是通过肺的宣发与肃降，治理和调节津液的输布、运行与排泄。因此，若肺主治节的功能失常，既可影响到宗气的生成与布散，又可因肺气虚衰，影响到血液的正常运行；既能影响到津液的调节与排泄，又能影响到气机的升降运动。

鸟戏的动作主要是上肢的升降开合运动，与气的四种基本运动形式“升降出入”互相呼应，而肺主气，司呼吸，朝百脉，所以鸟戏基本动作鸟翅中拇指和食指的上翘紧绷，可以刺激手太阴肺经，加强肺经经气的流通。鸟戏动作不仅可以牵拉肺经，起到疏通肺经气血的作用，而且还可以通过胸廓的开合直接调整肺的潮汐量，促进肺的吐故纳新，提升肺脏的呼吸力。

综上所述，练鸟戏，养肺气。

第四章　五禽戏动作要领及功法释义

第一节　凝气调息

一、动作要领

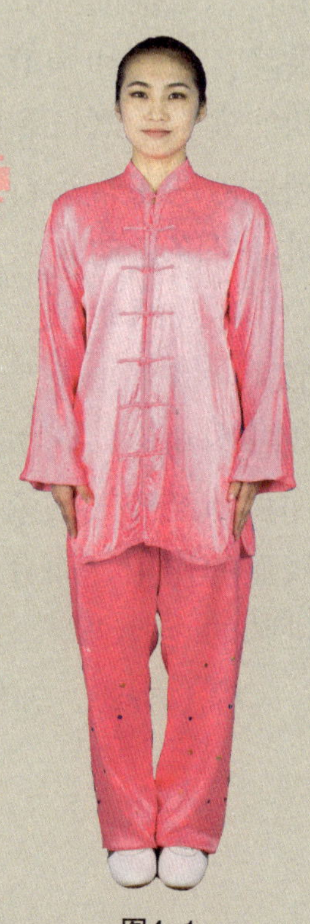
图4–1

步骤一：身体自然站立，两臂下垂，置于身体两侧，双脚并拢，目视前方，均匀呼吸，舌顶上腭，头顶百会穴，意守关元穴，全身放松，以助于任、督二脉气血运行。（图4–1）

图4–2

步骤二：身体重心稍向右移，左脚向身体左侧横跨半步，双脚与肩同宽，双膝微屈，采用腹式呼吸，调吸数次，静静站立。（图4–2）

步骤三：双手从身体两侧向前缓缓抬起，手臂自然伸直，掌心向上，意守捧气上行，当手臂约与胸同高时，双肘屈曲，掌心向身体内收，双肘自然下垂、向外扩，同时双掌缓慢向内翻转，并慢慢下按于腹前。呼吸运动与手臂的起落相随，吸气时，手臂上抬，意守捧入自然清气；呼气时，屈肘下按，意守呼出体内浊气。（图4–3、图4–4）

图4–3

图4–4

图4-5

步骤四：重复此动作3~5次，双手自然垂于身体两侧，目视前方，均匀呼吸，调息结束。（图4-5）

二、功法释义

凝气调息，作为五禽戏练功的预备式，在练习过程中，身体自然放松，意守“松”、“静”两字，有助于神、形、意、气的配合，可渐入佳境。调息时动作轻柔、缓和，呼吸自然深长，随手臂运动而升清降浊，以助吐故纳新，安神定志，心情愉悦。

第二节　虎戏

基本手形：虎戏的基本手形为“虎爪”，练习时将五指向外撑开，虎口处尽量展开、撑圆，手指的第一指、第二指节关节弯曲内扣，犹如老虎爪般威猛及充满力量。（图4–6）

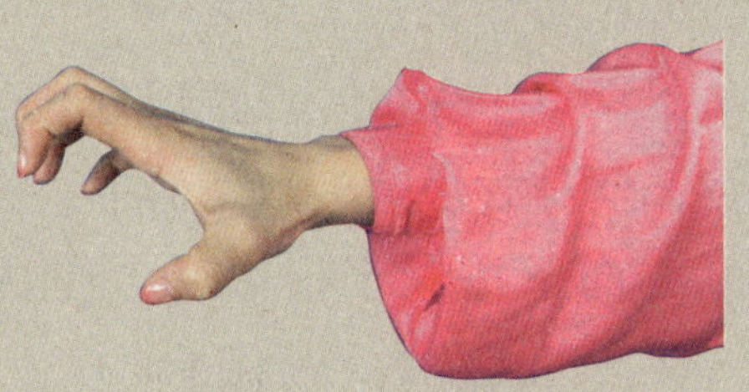

图4–6

基本步法：虎戏的基本步法为“虎扑步”，练习时一脚向身体同侧迈出一步，以脚跟着地，脚尖向上翘起，膝盖微屈；另一条腿微屈曲下蹲，以全脚掌着地，脚尖斜向身体外侧约45°；身体的重心以后脚为主，后脚七分力，前脚三分力。（图4–7）

图4–7

一、动作要领

第一式 虎举

左式动作：

图4–8

步骤一：站立位，两脚分开，与肩同宽，全身放松；头微微低下，同时双手掌心向下撑，十指张开，变成虎爪状，并且目视左掌。（图4–8）

步骤二：手指以小指为先，其余四指依次弯曲握拳，攥紧拳头，然后手肘屈曲，双手拳心相对沿着身体前缓缓上提。（图4–9）

图4–9

步骤三：待双拳移至平肩高时，手掌放松，打开十指，保持匀速上举至头上方，缓缓仰头，眼随手走；当手掌上升至极点后，手指再次弯曲变成虎爪，掌心向上，配合呼吸吐纳，上举时吸气。双掌上举时，要有伸经拔骨之感，身体保持垂直，犹如托起重物一般，目视双爪。（图4-10）

图4-10

图4-11

步骤四：虎爪以小指为先，其余四指依次弯曲握拳，攥紧拳头，拳心相对，然后屈肘缓缓用力下拉，目视双拳移动，至肩前高度，松拳为掌，配合呼吸吐纳方法，下落时呼气。（图4-11）

步骤五：双肘外展，掌心向下，沿着身体前缓缓下按至腹前并置于身体两侧，目视前方，全身放松。（图4-12、图4-13）

图4-12

图4-13

右式动作：

步骤一：头微微低下，同时双手掌心向下撑，十指张开，变成虎爪状，并且目视右掌。（图4-14）

图4-14

图4-15

步骤二：手指以小指为先，其余四指依次弯曲握拳，攥紧拳头，然后手肘屈曲，双手拳心相对沿着身体前缓缓上提。（图4-15）

步骤三：待双拳移至平肩高时，手掌放松，打开十指，保持匀速上举至头上方，缓缓仰头，眼随手走；当手掌上升至极点后，手指再次弯曲变成虎爪，掌心向上，配合呼吸吐纳，上举时吸气。双掌上举时，要有伸筋拔骨之感，身体保持垂直，犹如托起重物一般，目视双爪。（图4–16）

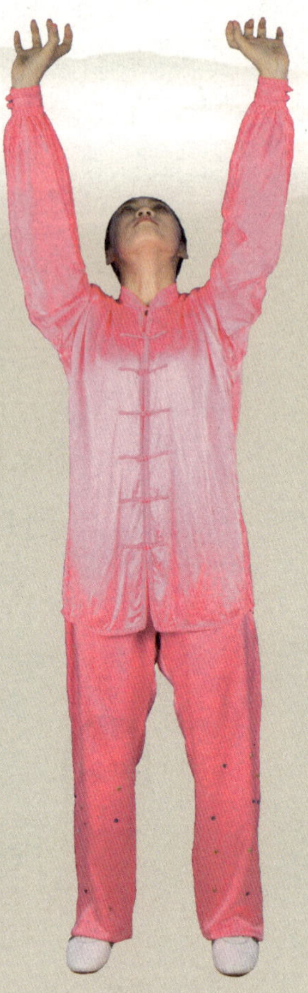

图4–16

图4–17

步骤四：虎爪以小指为先，其余四指依次弯曲握拳，攥紧拳头，拳心相对，然后屈肘缓缓用力下拉，目视双拳移动，至肩前高度，松拳为掌，配合呼吸吐纳方法，下落时呼气。（图4–17）

步骤五：双肘外展，掌心向下，沿着身体前缓缓下按至腹前并置于身体两侧，目视前方，全身放松。（图4–18、图4–19）

图4–18

图4–19

图4–20

本式动作左右连贯、交替重复2遍后，双手自然下垂于体侧，目视前方。（图4–20）

第二式 虎扑

左式动作：

步骤一：站立位，两脚分开，与肩同宽，全身放松；双手握空拳，微屈膝下蹲，随着向前顶膝、顶髋、顶腹，身体逐步向后呈弓形；空拳则随身体运动而沿着身体两侧上提至肩膀的前上方。（图4–21、图4–22，图4–23为侧面）

图4–21

图4–22

图4–23

步骤二：身体缓缓弯腰前伸与双腿呈90°，双拳从肩前上方向上、向前扑出，同时由握空拳时十指弯曲的状态转换为虎爪状，掌心向下，挺胸塌腰，头略抬，目视前方。（图4–24，图4–25为侧面）

图4–24

图4–25

图4-26

步骤三：双腿微屈曲、下蹲，身体重心在两脚中间，同时收腹含胸，双手呈虎抓拉回下按至身体两侧，掌心向下，目视前方。（图4-26）

图4-27　图4-28

步骤四：手形由虎抓变成空拳，身体随着向前顶膝、顶髋、顶腹，逐步向后呈弓形，空拳则随身体运动而沿着身体两侧上提至肩膀的前上方，掌心向下，目视前方。（图4-27，图4-28为侧面）

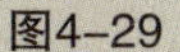
图4-29

步骤五：右腿站立，左腿屈膝提起，脚面内扣放松，同时双手由空拳变成虎爪并上举伸展，左脚往前迈出一步落下，脚跟着地，右腿呈微屈膝下蹲，呈左虚步，同时上体前倾，双虎爪迅速向前、向下按至膝前两侧，两臂撑圆，掌心向下，双目圆瞪，目视前方，如虎扑食状。（图4-29、图4-30）

步骤六：以上动作稍停顿，然后上半身抬起，左脚收回，双脚开步同肩宽站立，双手随之收回，自然垂于身体两侧，目视前方。（图4-31）

图4-30

图4-31

图4-32

右式动作：

步骤一：站立位，两脚分开，与肩同宽，全身放松；双手握空拳，微屈膝下蹲，随着向前顶膝、顶髋、顶腹，身体逐步向后呈弓形；空拳则随身体运动而沿着身体两侧上提至肩膀的前上方。（图4-32、图4-33，图4-34为侧面）

图4-33

图4-34

图4-35

步骤二：身体缓缓弯腰前伸与双腿呈90°，双拳从肩前上方向上、向前扑出，同时由握空拳时十指弯曲的状态转换为虎爪状，掌心向下，挺胸塌腰，头略抬，目视前方。（图4-35，图4-36为侧面）

图4-36

图4-37

步骤三：双腿微屈曲、下蹲，身体重心在两脚中间，同时收腹含胸，双手呈虎抓拉回下按至身体两侧，掌心向下，目视前方。（图4-37）

步骤四：手形由虎抓变成空拳，身体随着向前顶膝、顶髋、顶腹，逐步向后呈弓形，空拳则随身体运动而沿着身体两侧上提至肩膀的前上方，掌心向下，目视前方。（图4-38，图4-39为侧面）

图4-38

图4-39

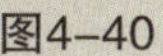

步骤五：左腿站立，右腿屈膝提起，脚面内扣放松，同时双手由空拳变成虎爪并上举伸展，右脚往前迈出一步落下，脚跟着地，左腿呈微屈膝下蹲，呈右虚步，同时上体前倾，双虎爪迅速向前、向下按至膝前两侧，两臂撑圆，掌心向下，双目圆瞪，目视前方，如虎扑食状。（图4–40、图4–41）

图4–41

步骤六：以上动作稍停顿，然后上半身抬起，右脚收回，双脚开步同肩宽站立，双手随之收回，自然垂于身体两侧，目视前方。（图4-42）

图4-42

本式动作左右连贯、交替重复2遍后，双手自然下垂于体侧，目视前方。

间歇调息：

整套虎戏动作练习完毕后，双掌向身体两侧斜向前45°缓缓托起，掌心向上；当与肩同高时，双臂屈肘，双掌内合、下按，自然下垂于体侧，目视前方；呼吸配合，托掌时吸气，内合、下按时呼气，全身放松。（图4-43、图4-44）

图4-43

图4-44

二、功法释义

虎戏，在中医五行中属于木，对应脏腑为肝，肝主藏血，在体合筋。

（一）中医学释义

虎戏中，虎爪的手形变化当手由掌转换为虎爪，再转换为握拳之间，锻炼人体之经筋，并增强握力。虎举式中的步骤一至步骤五，双手在一紧一松、反复4次的用力过程中，促进了气血运行，习练时多有手臂的烘热感。肝宜疏散而不宜抑郁，虎举式中双手掌的举起时尽量伸展，下落时自然放松，配合深长匀细的呼吸吐纳，有助于调理肝气，疏肝解郁。肝开窍于目，习练过程中眼随手走，目睛转动，虎扑式中双目自然平视与圆瞪相交替，有清肝明目之功，使眼睛明润光亮。虎戏与五季中的春季相对应，春季万物生长，习练中通过拉伸躯体、头颈、四肢，以求伸经拔骨之感，亦锻炼了筋骨经脉。

整套虎戏自然放松，升降有度，在一升一降中升清降浊，疏肝理气，调理三焦。

（二）现代医学释义

虎戏中的虎举式，步骤一至步骤五中双手在一紧一松反复4次的用力过程中，促进了外周血液的循环，增加了回心血液量，保护心脏功能。整套虎戏有效地锻炼了人体的脊柱及关节的柔软性和延展性，通过拉伸躯体、头颈、四肢，带动了脊柱的运动，增强局部肌肉的力量，更能有效地缓解脊柱的疾患，并且能够达到一定的预防作用，尤其对颈椎病、腰椎退行性改变、胸椎小关节紊乱等有良好的功能锻炼效果。

第三节　鹿戏

基本手形：鹿戏基本手形为“鹿角”，手掌五指张开、伸直，同时中指、无名指弯曲内扣。（图4–45）

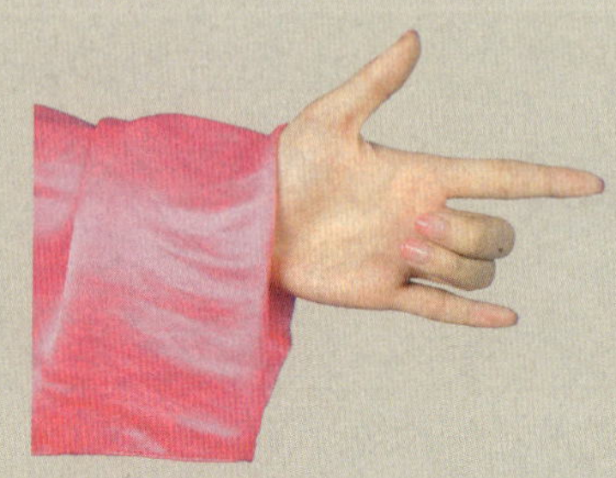

图4–45

基本步法：

弓步：一腿向身体外侧斜45°迈出一步，同时膝关节弯曲成90°左右，迈出脚膝关节与脚尖要上下相对，脚尖稍向内扣；另一腿自然伸直，全脚掌着地，脚尖亦稍向内扣，并且身体要与地面垂直。按照动作的方向可分为侧弓步、前弓步、后弓步等。（图4–46）

图4–46

丁步：支撑腿站立，膝盖微屈，脚尖朝前；另一条腿屈膝，前脚掌着地，脚尖亦朝前，重心在支撑腿上。（图4–47）

图4–47

左式动作：

步骤一：站立位，两脚分开，与肩同宽，全身放松；双腿微屈曲，身体重心落至右腿，呈左丁步站立；双手握空拳，手臂向右侧摆起，右臂微屈，左臂屈曲，左拳面对着右前臂，至约与肩平，拳心向下，眼随手动，目视右拳。（图4-48、图4-49）

图4-48

图4-49

步骤二：左脚向左前方迈一步，脚跟着地，重心向前移，左脚逐渐踩实，左腿屈膝，左脚尖外撇、蹬实，右腿随之蹬直，呈左弓步；身体向左尽量扭转，同时双空心拳转变成鹿角，向左上划弧，掌心向外，鹿角指尖朝后，左臂屈肘，前臂外展平伸，肘部抵靠左侧腰部；右臂上撑举至头前，头向后转目视右脚跟。（图4-50，图4-51为侧面）

图4-50

图4-51

步骤三：以上动作稍停顿，身体向右转，同时双手向上、向右下划弧，落下时双鹿角转为握空拳下落于体前，左脚收回，开步站立，目视前方。（图4–52）

图4–52

右式动作：

步骤一：站立位，两脚分开，与肩同宽，全身放松；双腿微屈曲，身体重心落至左腿，呈右丁步站立；双手握空拳，手臂向左侧摆起，左臂微屈，右臂屈曲，右拳面对着左前臂，至约与肩平，拳心向下，眼随手动，目视左拳。（图4–53）

图4–53

步骤二： 右脚向右前方迈一步，脚跟着地，重心向前移，右脚逐渐踩实，右腿屈膝，右脚尖外撇、蹬实，左腿随之蹬直，呈右弓步；身体向右尽量扭转，同时双空心拳转变成鹿角，向右上划弧，掌心向外，鹿角指尖朝后，右臂屈肘，前臂外展平伸，肘部抵靠右侧腰部；左臂上撑举至头前，头向后转目视左脚跟。（图4–54，图4–55为侧面）

图4–54

图4–55

图4-56

步骤三：以上动作稍停顿，身体向左转，同时双手向上、向左下划弧，落下时双鹿角转为握空拳下落于体前，右脚收回，开步站立，目视前方。（图4-56）

本式动作左右连贯、交替重复2遍后，双手自然下垂于体侧，目视前方。

图4–57

第二式 鹿奔

左式动作：

步骤一：站立位，两脚分开，与肩同宽，全身放松；左脚向左前方迈出一步，重心随屈膝前移，右腿随之蹬直，转换成左弓步；同时双手握空拳，随着向前迈步而上提，并随重心前移而向前推出约与肩平，与肩同宽，拳心朝下，稍作停顿后突然屈腕如鹿蹄奔腾，目视前方。（图4–57、图4–58，图4–59为侧面）

图4–58

图4–59

步骤二：身体重心向后移，左膝伸直，全脚着地，同时右腿屈膝，低头，收腹，弓背，双臂随之内旋，两掌背相对、前伸，同时拳转为鹿角。（图4–60，图4–61为侧面）

图4–60

图4–61

步骤三：身体重心前移，上身挺起，右腿伸直，左腿屈曲，呈左弓步，松肩沉肘，双臂外旋，鹿角转为空拳，拳心向下，目视前方。（图4–62）

图4–62

步骤四：左脚内扣收回，双脚呈开立步，双拳变掌，落于体侧，目视前方。（图4–63）

图4–63

图4-64

右式动作：

步骤一： 站立位，两脚分开，与肩同宽，全身放松；右脚向右前方迈出一步，重心随屈膝前移，左腿随之蹬直，转换成右弓步；同时双手握空拳，随着向前迈步而上提，并随重心前移而向前推出约与肩平，与肩同宽，拳心朝下，稍作停顿后突然屈腕如鹿蹄奔腾，目视前方。（图4-64，图4-65为侧面）

图4-65

步骤二：身体重心向后移，右膝伸直，全脚着地，同时左腿屈膝，低头，收腹，弓背，双臂随之内旋，两掌背相对、前伸，同时拳转为鹿角。（图4-66，图4-67为侧面）

图4-66　　图4-67

图4–68

步骤三： 身体重心前移，上身挺起，左腿伸直，右腿屈曲，呈右弓步，松肩沉肘，双臂外旋，鹿角转为空拳，拳心向下，目视前方。（图4–68）

图4–69

步骤四： 右脚内扣收回，双脚呈开立步，双拳变掌，落于体侧，目视前方。（图4–69）

本式动作左右连贯、交替重复2遍后，双手自然下垂于体侧，目视前方。

间歇调息：

整套鹿戏动作练习完毕后，双掌向身体两侧斜向前45°缓缓托起，掌心向上；当与肩同高时，双臂屈肘，双掌内合、下按，自然下垂于体侧，目视前方；呼吸配合，托掌时吸气，内合、下按时呼气，全身放松。（图4-70、图4-71）

图4-70

图4-71

二、功法释义

鹿戏在中医五行中属于水，对应脏腑为肾，肾主纳气，在体合骨。

（一）中医学释义

鹿戏动作中，鹿抵以腰部的左右旋转、侧屈、拧转为主，腰部在一紧一松的锻炼过程中，使肌肉筋骨得到了全面的自我按摩，而“腰为肾之府”，对腰部的自我按摩犹如对肾脏的按摩保养，具有益肾固精、强筋健骨的作用。鹿抵中伴随腰部的左右扭转，双手臂在保持鹿角手形的前提下，一肘部抵靠腰部，一臂上撑举至头前，左右反复，一张一弛，使心经、心包经经脉得到了牵拉锻炼，具有调理心血的功用，上肢、下肢动作协调往返，使心肾两脏同时得到了锻炼，共享水火既济、宁心安神之效。鹿奔动作中的双臂内旋前伸，身体重心后坐，收腹弓背，身体放松，重心前移，此组动作首先是对督脉的拉伸锻炼，而“督脉为阳脉之海”，故而具有振奋一身阳气、温阳益肾的作用，其次是其在弓背后坐与放松前移的过程中使腰部的腰阳关穴、命门穴、肾俞穴等穴一开一阖，启动了穴位的开阖枢机，具有温肾助阳的功效。

（二）现代医学释义

鹿戏动作中，鹿抵以腰部的旋转、侧屈、拧转为主，不仅可以锻炼腰部的肌肉力量，强筋健骨以加强对腰椎的保护作用，而且还能防止肥胖引起的腰部脂肪堆积，并且对于腰椎小关节紊乱的调节起到很好的辅助作用。鹿奔动作中的双臂内旋前伸，可锻炼肩膀、背部的肌肉，对于颈椎及肩周疾病引起的疼痛、酸胀等不适能起到很好的缓解作用，弓背后坐与放松前移的过程也是对整个腰背部肌群功能锻炼的过程，有效地提高了腰背肌对脊柱的保护作用。

第四节　熊戏

基本手形：熊戏基本手形为“熊掌”，除了拇指以外的其余四指并拢弯曲，不握紧，虎口撑圆，大拇指压于食指指端。（图4–72）

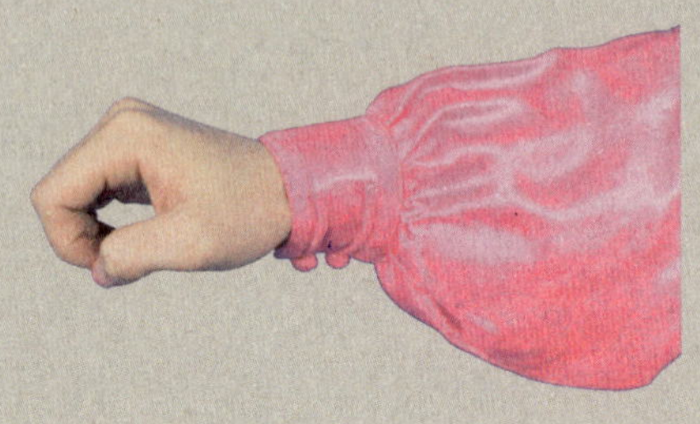

图4–72

基本步法：

弓步：一腿向身体外侧斜45°迈出一步，同时膝关节弯曲成90°左右，迈出脚膝关节与脚尖要上下相对，脚尖稍向内扣；另一腿自然伸直，全脚掌着地，脚尖亦稍向内扣，并且身体要与地面垂直。按照动作的方向可分为侧弓步、前弓步、后弓步等。（图4–73）

图4–73

一、动作要领

第一式 熊运

左式动作：

步骤一：站立位，两脚分开，与肩同宽，全身放松；双手握空拳为熊掌，拳眼相对，屈肘下垂，贴于下腹前约关元穴部位，目视双拳。（图4–74）

图4–74

步骤二：含胸松腰，以腰部、腹部为轴，上半身向左侧倾斜，按逆时针方向做摇晃，双拳随着上身摇晃经左下腹部、左肋部、上腹部、右肋部、右下腹部画圈，双眼随着身体的摇晃而环视。（图4–75、图4–76、图4–77）

图4–75

图4–76

图4–77

图4–78

步骤三：双手握空拳为熊掌，拳眼相对，屈肘下垂，贴于下腹前约关元穴部位，目视双拳。（图4–78）

右式动作：

步骤一：站立位，两脚分开，与肩同宽，全身放松；双手握空拳为熊掌，拳眼相对，屈肘下垂，贴于下腹前约关元穴部位，目视双拳。（同图4–78）

步骤二：含胸松腰，以腰部、腹部为轴，上半身向右侧倾斜，按顺时针方向做摇晃，双拳随着上身摇晃经右下腹部、右肋部、上腹部、左肋部、左下腹部画圈，双眼随着身体的摇晃而环视。（图4-79、图4-80、图4-81）

图4-79 　　图4-80 　　图4-81

图4-82

步骤三：双手握空拳为熊掌，拳眼相对，屈肘下垂，贴于下腹前约关元穴部位，目视双拳。（图4-82）

本式动作左右连贯、交替重复2遍后，双手自然下垂于体侧，目视前方。

第二式 熊晃

图4–83

左式动作：

步骤一：站立位，两脚分开，与肩同宽，全身放松；双掌变为熊掌模样，身体重心右移至右脚，左髋随之上提，带动左脚离地，同时左脚屈膝抬起，目视前方。（图4–83）

图4–84

步骤二：身体重心向左前移，左脚向左前方迈步，身体放松向下落步，全脚掌同时踏实，脚尖朝前，右腿随之蹬直呈弓步；身体向右转，重心前移，肘关节屈曲撑圆，左臂内旋、前靠，左拳摆至左膝前上方，拳心朝左，右拳摆至身体后，拳心朝后，头稍稍抬起，目视左前方。（图4–84）

步骤三：身体向左转，重心后移后坐，右腿屈膝，左腿稍伸直，拧腰晃肩，带动双臂前后划弧形摆动；右拳摆至身体前上方，拳心向下，左拳摆至身体后，拳心朝后，目视左前方。（图4-85）

图4-85

步骤四：身体再右转，重心前移，左腿屈膝，右腿伸直，肘关节屈曲撑圆，左臂内旋、靠前；左拳摆至左膝前上方，拳心朝左，右拳摆至身体后，拳心朝后，目视左前方。（图4-86）

图4-86

右式动作：

步骤一：接左式，身体重心左移至左脚，右髋随之上提，带动右脚离地，同时右脚屈膝抬起，目视前方。（图4–87）

图4–87

图4–88

步骤二：身体重心向右前移，右脚向右前方迈步，身体放松向下落步，全脚掌同时踏实，脚尖朝前，左腿随之蹬直呈弓步；身体向左转，重心前移，肘关节屈曲撑圆，右臂内旋、前靠，右拳摆至右膝前上方，拳心朝右，左拳摆至身体后，拳心朝后，头稍稍抬起，目视右前方。（图4–88）

步骤三：身体向右转，重心后移后坐，左腿屈膝，右腿稍伸直，拧腰晃肩，带动双臂前后划弧形摆动；左拳摆至身体前上方，拳心向下，右拳摆至身体后，拳心朝后，目视右前方。（图4–89）

图4–89

步骤四：身体再左转，重心前移，右腿屈膝，左腿伸直，肘关节屈曲撑圆，右臂内旋、靠前；右拳摆至右膝前上方，拳心朝右，左拳摆至身体后，拳心朝后，目视右前方。（图4–90）

图4–90

图4–91

步骤五：身体重心向右前移动，带动左脚向前呈站立位，两脚分开，与肩同宽，两手熊掌变成直掌自然下垂，全身放松。（图4–91）

本式动作左右连贯、交替重复2遍后，双手自然下垂于体侧，目视前方。

图4-92

间歇调息：

整套熊戏动作练习完毕后，双掌向身体两侧斜向前45°缓缓托起，掌心向上；当与肩同高时，双臂屈肘，双掌内合、下按，自然下垂于体侧，目视前方；呼吸配合，托掌时吸气，内合、下按时呼气，全身放松。（图4-92、图4-93）

图4-93

二、功法释义

熊戏在中医五行中属于土，对应脏腑为脾，脾主运化，在体合肉。

（一）中医学释义

熊戏动作中，熊运练习时，以腰部、腹部为轴做顺时针和逆时针的转动，对于脾经、胃经都起到很好的疏通作用。以腰部、腹部为轴，双熊掌在腹部画圈，由任脉关元穴起，途经胃经天枢、脾经大横，再经任脉中脘回到关元穴，加强了腹内气血运行，同时通过在腹部、肋部的自我按摩，增强了脾胃的消化助运功能，对于消化不良、腹部胀气、纳差纳呆、失气便秘等都有很好的治疗效果。熊晃在练习过程中两臂撑圆左右迈步，并带动身体左右摇晃，既带动了两肋运动，又促进了脾胃运转化物，起到了疏肝理气健脾之效。

（二）现代医学释义

熊戏动作中，熊运练习时，以腰部、腹部为轴做顺时针和逆时针的转动，实为腰部的放松锻炼，对防治劳损性腰部疾患有一定的效果。当双熊掌在腹部画圈时，犹如自我摩腹，不但能促进消化吸收，而且顺时针摩腹可以促进胃肠蠕动而起到治疗便秘的效果，逆时针摩腹可以减缓胃肠蠕动而起到治疗泄泻的效果。熊晃习练时提髋踏步而行，也增强了髋关节的肌肉力量，并能提高人体的平衡能力，对于一些下肢无力、髋关节的病变都有很好的辅助疗效。

第五节　猿戏

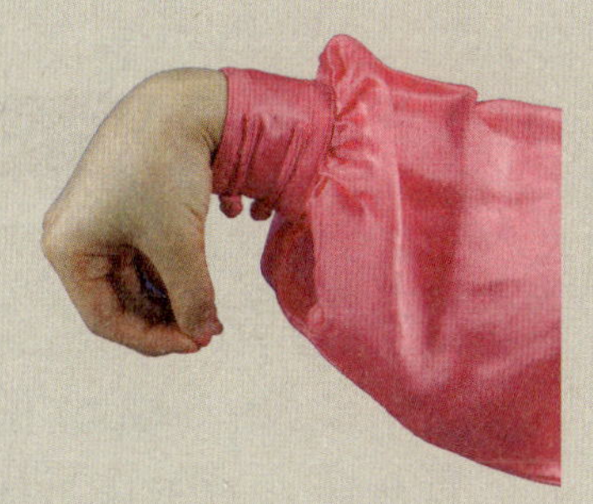

图4-94

基本手形：猿戏基本手形为“猿钩”，五指指腹捏拢，屈腕。（图4-94）

基本步法：

丁步：支撑腿站立，膝盖微屈，脚尖朝前；另一条腿屈膝，前脚掌着地，脚尖亦朝前，重心在支撑腿上。（图4-95）

提踵：双脚脚跟提起，头部百会穴牵动身体垂直向上，同时收腹，提肛。（图4-96）

图4-95

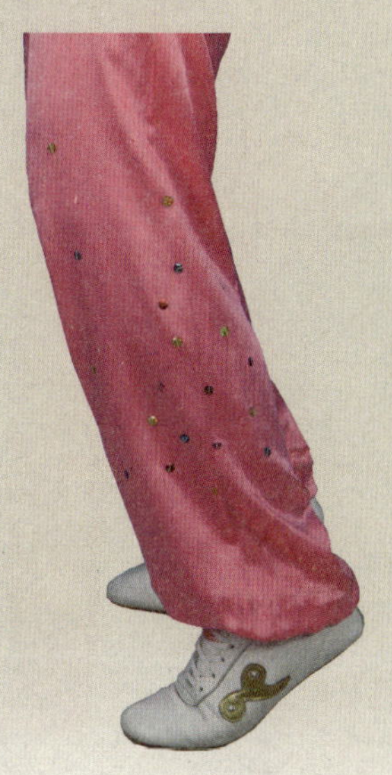

图4-96

一、动作要领

第一式 猿提

左式动作：

步骤一：站立位，两脚分开，与肩同宽，全身放松；双手从身体两侧移至体前，五指分开外拨，然后迅速曲腕、捏拢为猿钩。（图4–97、图4–98）

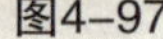

图4–97

图4–98

图4-99　图4-100

步骤二：两前臂随屈肘带动两“猿钩”在体前上提至胸，同时双肩耸起，收腹，提肛，缩脖，同时两脚脚跟提起，呈提踵态；然后头向左缓慢转动，目视身体左侧；配合呼吸，上提时吸气，转头时自然呼吸。练习过程中耸肩、收腹、提肛、缩脖、提踵等动作一气呵成，舒适到位。（图4–99，图4–100为侧面）

图4–101

步骤三：头由左侧转正，脖子自然上伸，双肩放松下沉，送腹落肛，脚跟缓慢着地，两猿钩化掌下按，掌心向下，收于体侧，同时目视前方；配合呼吸，转头时自然呼吸，下按时呼气。（图4–101）

右式动作：

步骤一：站立位，两脚分开，与肩同宽，全身放松；双手从身体两侧移至体前，五指分开外拨，然后迅速曲腕、捏拢为猿钩。（图4-102、图4-103）

图4-102

图4-103

步骤二：两前臂随屈肘带动两“猿钩”在体前上提至胸，同时双肩耸起，收腹，提肛，缩脖，同时两脚脚跟提起，呈提踵态；然后头向右缓慢转动，目视身体右侧；配合呼吸，上提时吸气，转头时自然呼吸。练习过程中耸肩、收腹、提肛、缩脖、提踵等动作一气呵成，舒适到位。（图4–104，图4–105为侧面）

图4–104

图4–105

步骤三：头由右侧转正，脖子自然上伸，双肩放松下沉，送腹落肛，脚跟缓慢着地，两猿钩化掌下按，掌心向下，收于体侧，同时目视前方；配合呼吸，转头时自然呼吸，下按时呼气。（图4–106）

本式动作左右连贯、交替重复2遍后，双手自然下垂于体侧，目视前方。（图4–107）

图4–106

图4–107

第二式 猿摘

图4-108

左式动作：

步骤一：站立位，两脚分开，与肩同宽，全身放松；左脚向左后方退一步转为右弓步，右掌向右前方摆起，掌心向下，左掌变猿钩收放至左腰侧面，目视右掌。（图4-108）

图4-109

步骤二：身体重心后移，重心落于左脚并踏实，屈曲下蹲，右脚收回到左脚内侧，前脚掌着地，化为右丁步；同时右掌向下由腹前向左上方画弧至头部左侧，掌心向内，眼随手走，头先随右掌移动转向左侧，再快速转头注视右前上方，犹如灵猴发现了右边树梢上的仙桃。（图4-109）

步骤三：右前臂内旋带动右掌，掌心向下，沿着身体左侧下按至左髋部，目视右掌；右脚向右前方迈出一大步，身体重心向前移，右腿绷直向上，左腿随之蹬直，抬起左脚脚跟，脚尖点地；同时随身体向右侧转动，右掌自右下方画弧展开，左猿钩变掌向前上方画弧伸举、展开，并迅速屈腕、捏钩呈采摘状，灵动自然；右掌则由右下方迅速屈腕、捏钩，掌心向下，稍低于左侧猿钩，头略微向上抬，目视左手。（图4–110、图4–111）

图4–110

图4–111

步骤四：左手猿钩变掌，将拇指屈曲于掌心后微握拳，右手变掌，随身体重心下落、后移而自然收回；重心后移收回时，左腿屈曲下蹲，右脚收回至左脚内侧，前脚掌着地，化为右丁步，同时左臂屈肘随身体左转收回至头侧方，由拳变掌，掌心向上，掌指自然分开指向后方；右掌掌心朝前，随身体左转而向左前画弧收至左肘部，掌心向上托起，目视左掌，犹如托起桃子一般。（图4–112、图4–113）

图4–112

图4–113

图4-114

右式动作：

步骤一：接左式动作，右脚向右后方退一步转为左弓步，左掌向左前方摆起，掌心向下，右掌变猿钩收放至右腰侧面，目视左掌。（图4-114）

图4-115

步骤二：身体重心后移，重心落于右脚并踏实，屈曲下蹲，左脚收回到右脚内侧，前脚掌着地，化为左丁步；同时左掌向下由腹前向右上方画弧至头部右侧，掌心向内，眼随手走，头先随左掌移动转向右侧，再快速转头注视左前上方，犹如灵猴发现了左边树梢上的仙桃。（图4-115）

步骤三：左前臂内旋带动左掌，掌心向下，沿着身体右侧下按至右髋部，目视左掌；左脚向左前方迈出一大步，身体重心向前移，左腿绷直向上，右腿随之蹬直，抬起右脚脚跟，脚尖点地；同时随身体向左侧转动，左掌自左下方画弧展开，右猿钩变掌向前上方画弧伸举、展开，并迅速屈腕、捏钩呈采摘状，灵动自然；左掌则由左下方迅速屈腕、捏钩，掌心向下，稍低于右侧猿钩，头略微向上抬，目视右手。（图4-116、图4-117）

图4-116

图4-117

步骤四：右手猿钩变掌，将拇指屈曲于掌心后微握拳，左手变掌，随身体重心下落、后移而自然收回；重心后移收回时，右腿屈曲下蹲，左脚收回至右脚内侧，前脚掌着地，化为左丁步，同时右臂屈肘随身体右转收回至头侧方，由拳变掌，掌心向上，掌指自然分开指向后方；左掌掌心朝前，随身体右转而向右前画弧收至右肘部，掌心向上托起，目视右掌，犹如托起桃子一般。（图4–118、图4–119）

图4–118　　图4–119

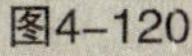
图4–120

本式动作左右连贯、交替重复2遍后，左脚向体侧横开一步，与肩同宽，双腿直立，同时双手自然收回下落于体侧，目视前方。（图4–120）

间歇调息：

整套猿戏动作练习完毕后，双掌向身体两侧斜向前45°缓缓托起，掌心向上；当与肩同高时，双臂屈肘，双掌内合、下按，自然下垂于体侧，目视前方；呼吸配合，托掌时吸气，内合、下按时呼气，全身放松。（图4–121、图4–122）

图4–121

图4–122

二、功法释义

猿戏在中医五行中属于火，对应脏腑为心，心主神智，在体合脉。

（一）中医学释义

猿戏动作中，猿提动作，吸气伴随着耸肩、收腹、提肛、缩脖、提踵与呼气放松、下按相结合，在一紧一松之间对心脏起到了很好的按摩作用。猿提动作中对心脏的按摩，使心脉通畅、气血运行顺达，具有去心火而养心血的双向调节作用。“心为君主之官”“主神智”的功能与现代医学描述大脑相似，猿摘动作轻松灵动，上肢、下肢动作协调到位，功法锻炼结合故事情节，既改善了全身血脉的循行，也使脑海得以濡养，具有醒脑开窍之功。

（二）现代医学释义

猿戏动作中，猿提动作，吸气伴随着耸肩、收腹、提肛、缩脖、提踵与呼气放松、下按相结合，在一紧一松之间对胸腔起到挤压、按摩的作用，锻炼了心肺的收缩功能，有利于呼吸和心脏的供血，可以有效改善心慌、心悸、胸闷等症状。耸肩、收腹、提肛、缩脖、提踵等动作配合左顾右盼，带动了颈部、肩部肌肉筋膜的运动，增强了局部神经的灵敏度，能有效地缓解颈肩部的疼痛，同时也可以增强下肢力量及提高平衡能力。猿摘动作则是模仿猿猴摘桃的整个过程，动作轻松灵动，可以有效地缓解精神压力，改善睡眠质量。

第六节　鸟戏

基本手形：鸟戏的基本手形为“鸟翅”，五指伸直并拢，拇指、食指、小指向上翘起，无名指、中指并拢向下轻按。（图4-123）

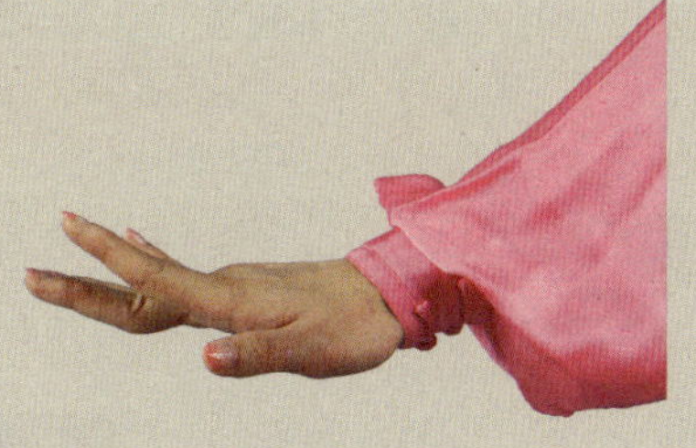

图4-123

基本步法：

提膝独立：单脚支撑，另一腿屈膝提起，小腿垂直于地面，脚面放松稍内扣。（图4-124）

后伸腿：单脚支撑，另一脚向后方悬起或者扣摆于支撑腿上，腿与脚面自然伸直。（图4-125）

图4-124

图4-125

一、动作要领

第一式　鸟伸

左式动作：

步骤一：站立位，两脚分开，与肩同宽，全身放松；双腿微微下蹲，重心下落，双掌置于腹前并相叠，指尖向前，相叠后左手、右手的位置随个人习惯而定。（图4–126）

图4–126

步骤二：交叠的双掌向上举至头部前方，手臂自然伸直，掌心向下，手指朝前，双掌上举时吸气，同时身体随之缓缓站立微向前倾，提肩，塌腰，挺腹，目视前方。（图4-127，图4-128为侧面）

图4-127

图4-128

图4–129

步骤三：双腿弯曲下蹲，重心下落，同时交叠的双掌缓慢下按至腹前，双掌下按时呼气，目视双掌。（图4–129）

步骤四：身体重心右移，右腿向上蹬直，左腿向后上方伸直并抬起，同时交叠的双掌左右分开，掌变为鸟翅，并向身体两侧后方自然地摆起、展开，掌心向上，伸颈，抬头，塌腰，挺胸，目视前方。（图4–130）

图4–130

图4-131

步骤五： 左脚自然回落，与肩同宽，双腿微微下蹲，重心下落，双鸟翅变掌，置于腹前并相叠，指尖向前，目视双掌，相叠后左手、右手的位置随个人习惯而定。（图4-131）

右式动作：

步骤一：接左式，交叠的双掌向上举至头部前方，手臂自然伸直，掌心向下，手指朝前，双掌上举时吸气，同时身体随之缓缓站立微向前倾，提肩，塌腰，挺腹，目视前方。（图4–132，图4–133为侧面）

图4–132

图4–133

步骤二：双腿弯曲下蹲，重心下落，同时交叠的双掌缓慢下按至腹前，双掌下按时呼气，目视双掌。（图4-134）

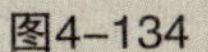
图4-134

步骤三：身体重心左移，左腿向上蹬直，右腿向后上方伸直并抬起，同时交叠的双掌左右分开，掌变为鸟翅，并向身体两侧后方自然地摆起、展开，掌心向上，伸颈，抬头，塌腰，挺胸，目视前方。（图4-135）

图4-135

图4-136

步骤四：右脚自然回落，与肩同宽，双腿微微下蹲，重心下落，双鸟翅变掌，置于腹前并相叠，指尖向前，目视双掌，相叠后左手、右手的位置随个人习惯而定。（图4-136）

图4-137

本式动作左右连贯、交替重复2遍后，双手自然下垂于体侧，目视前方。（图4-137）

第二式 鸟飞

图4–138

左式动作：

步骤一：站立位，两脚分开，与肩同宽，全身放松；身体重心微微下落，双膝屈曲，双掌呈鸟翅状收于腹前，掌心相对，目视双掌。（图4–138）

图4–139

步骤二：右腿蹬直伸直并独立站立，左腿屈膝抬起，小腿自然下垂，左脚尖稍绷直内扣，与此同时双臂双翅呈展翅状，由腹前沿体侧向上举起，掌心向下，约与肩同高，肩膀放松柔软，上举动作舒适缓慢，与呼吸配合，上举时吸气，目视前方。（图4–139）

步骤三：左脚下落，脚尖点地，合于右脚旁，同时双膝屈曲，双掌回落合于腹前，掌心相对，与呼吸配合，下落时呼气，目视双掌。（图4-140）

步骤四：右腿蹬直伸直并独立站立，左腿屈膝抬起，小腿自然下垂，左脚尖稍绷直内扣，与此同时双臂双翅呈展翅状，由腹前沿体侧向上举至头顶上方，掌背相对，指尖向上，与呼吸配合，上举时吸气，目视前方。（图4-141）

步骤五：左脚下落于右脚旁，全脚着地并且双腿微屈曲，双掌为鸟翅回落于腹前，掌心相对，与呼吸配合，下落时呼气，目视双掌。（图4-142）

图4-140

图4-141

图4-142

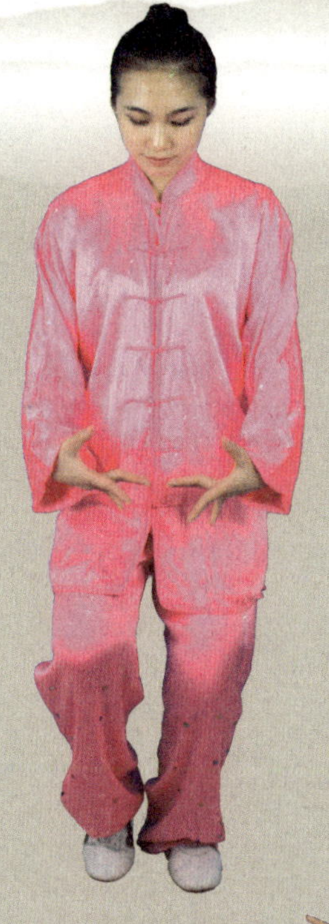

图4–143

右式动作：

步骤一：接左式动作，身体重心微微下落，双膝屈曲，双掌呈鸟翅状收于腹前，掌心相对，目视双掌。（图4–143）

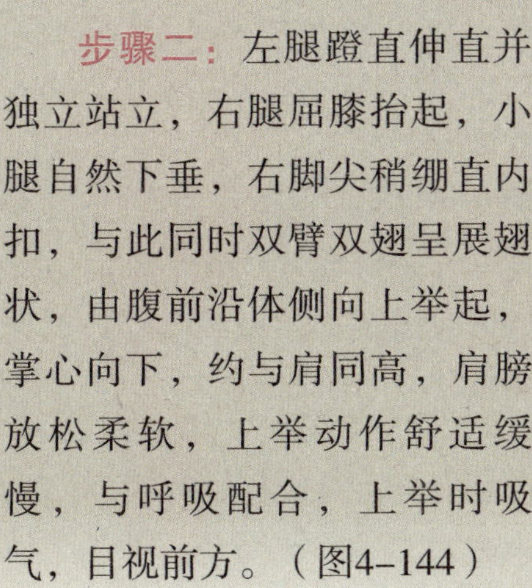

步骤二：左腿蹬直伸直并独立站立，右腿屈膝抬起，小腿自然下垂，右脚尖稍绷直内扣，与此同时双臂双翅呈展翅状，由腹前沿体侧向上举起，掌心向下，约与肩同高，肩膀放松柔软，上举动作舒适缓慢，与呼吸配合，上举时吸气，目视前方。（图4–144）

图4–144

图4-145

步骤三： 右脚下落，脚尖点地，合于左脚旁，同时双膝屈曲，双掌回落合于腹前，掌心相对，与呼吸配合，下落时呼气，目视双掌。（图4-145）

图4-146

步骤四： 左腿蹬直伸直并独立站立，右腿屈膝抬起，小腿自然下垂，右脚尖稍绷直内扣，与此同时双臂双翅呈展翅状，由腹前沿体侧向上举至头顶上方，掌背相对，指尖向上，与呼吸配合，上举时吸气，目视前方。（图4-146）

步骤五：右脚下落于左脚旁，全脚着地并且双腿微屈曲，双掌为鸟翅回落于腹前，掌心相对，与呼吸配合，下落时呼气，目视双掌。（图4–147）

图4–147

本式动作左右连贯、交替重复2遍后，呈站立位，两脚分开，与肩同宽，全身放松，双手自然下垂于体侧，目视前方。（图4–148）

图4–148

间歇调息：

整套鸟戏动作练习完毕后，双掌向身体两侧斜向前45°缓缓托起，掌心向上；当与肩同高时，双臂屈肘，双掌内合、下按，自然下垂于体侧，目视前方；呼吸配合，托掌时吸气，内合、下按时呼气，全身放松。（图4–149、图4–150）

图4–149

图4–150

二、功法释义

鸟戏在中医五行中属于金，对应脏腑为肺，肺主呼吸，在体合皮。

（一）中医学释义

鸟戏动作中，与呼吸吐纳的配合最为紧密多见，练习鸟伸式时，双臂的前伸吸气、下按呼气、后摆吸气、收回呼气，升降起伏配合呼吸吐纳，既牵拉肺经又锻炼了深长匀细的呼吸，可以疏通肺经的经气，增强了肺脏的功能，使奏里开阖有度，在有效地缓解肺系的疾患的同时，也有使皮肤润泽之效。鸟伸式中，腿向后伸直并抬起，变为鸟伸态，疏通了胸背部气血经络及加强腿部气血循环，增强了整体的抗病能力。练习鸟飞式时，双臂上下摆动开合并配合呼吸吐纳，可以调理三焦气机，对胸腔进行挤压，起到按摩心、肺的作用，对心肺的双向调节有保健作用。

（二）现代医学释义

鸟戏动作中，通过动作练习和呼吸的紧密配合，运用深长匀细的呼吸锻炼，增加了肺活量，增强了人体血氧交换，提高了心肺功能，增强了人体免疫力，能有效地缓解胸闷、气短和呼吸系统等不适症状。左右交替的单脚支撑站立，有效地锻炼了人体平衡性，具有正中健脑之功。鸟戏动作犹如整套功法的整理动作一般，舒展大方，呼吸深大匀长，有缓解压力、凝心静气的效果。

第七节　引气归元

图4-151

一、动作要领

步骤一：身体自然站立，两臂自然下垂，放于身体两侧，双脚并拢，头顶百会穴，意守关元穴，舌顶上腭，以助于任、督二脉气血运行；双掌掌心向上，合于腹前，由腹前上举至头前上方，配合呼吸吐纳，上举时吸气，目视前上方。（图4-151）

图4-152

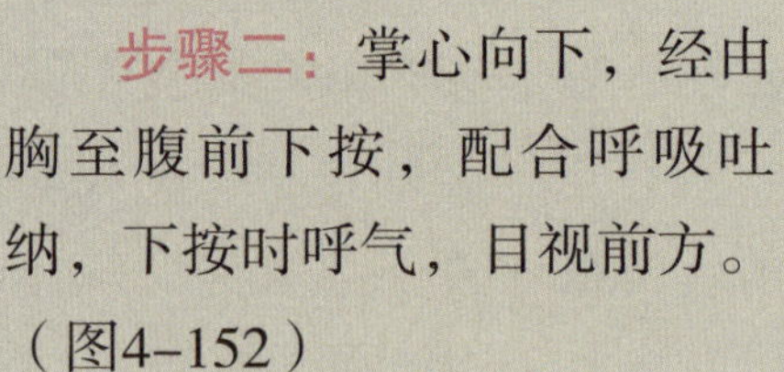

步骤二：掌心向下，经由胸至腹前下按，配合呼吸吐纳，下按时呼气，目视前方。（图4-152）

图4-153

步骤三：双手在腹前合拢、交叠，闭目养神，呼吸均匀，意守丹田。（图4-153）

步骤四：数分钟后，双手在胸前摩擦至双掌温热，随后双掌在面部、耳后、颈部上下摩擦，似洗脸状，3~5遍。（图4-154、图4-155）

图4-154

图4-155

图4–156

步骤五： 双掌垂于体侧，恢复至预备式，目视前方。（图4–156）

二、功法释义

将前面习练时所得之气，包括体内真气、体外的正能量，引导其归于关元穴（丹田），使气血和，经络通，四肢百骸得以舒畅，人体为之振奋。

第五章　五禽戏的习练要求

第一节　习练前准备

一、习练时间

选择每日早晨或睡前以及饭前后半小时或一小时以外的时间进行，要求天气晴朗。初学者每天宜习练一次，10～15分钟即可，每一式练2遍；熟练者，可增加一次习练时间，每次延长到20～30分钟，每一式练4~6遍。在疗养院或在家休养者，也可以每天习练3～4次。

二、习练场地

要选择适宜的习练场所，室内和室外皆可，要求环境安静，穿着宽松舒适的衣服及运动鞋，保持身心愉悦。

（1）在室外习练，最好能选择树林、草坪、花圃等空气新鲜、流通的地方。

（2）在室内习练，也应保持空气流通、环境安静舒适。

（3）习练场所的光线宜暗些，有利于较快入静。

三、习练热身

（1）充分活动肢体关节，伸展筋经，使手腕部、足踝部、腰部等柔软舒适，防止在习练过程中因活动不充分而拉伤、扭伤，通过活动使机体肌肉适应接下来的习练。

（2）在热身时要求专心、凝神、用意，调配人体的气机运动，以意领气流注运动部位，气到力生，并能更好地舒缓心情；通过眼神、表情，表达出习练者的练习意识，是习练者内心意识活动与外

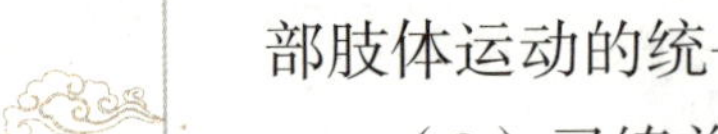

部肢体运动的统一。

（3）习练前的准备活动是为了能更好地投入正式的习练中，有助于改善专项活动的协调。

四、习练前禁忌

（1）无论是在室内还是在室外，都不宜让风直接吹在身上，尤其要避免吹在后颈部分。

（2）习练要摆脱烦恼，心情愉快。在习练前20分钟即应停止较剧烈的体力和脑力活动，以保证习练时全身肌肉放松、心情平静，有利于调整呼吸和意守入静。习练前要宽衣松带，以便于全身肌肉放松和呼吸通畅。

（3）在习练期间，生活要有规律，饮食上可适当增加营养，戒掉烟酒。

（4）注意避免七情干扰，保持情绪稳定。

（5）习练完毕后，不要匆忙站起，应该先用两手擦面，轻轻揉揉两眼，然后再缓缓起立，活动四肢。

（6）产期妇女不宜习练；饥饿和饱食之后都不宜练功；发热、腹泻、重感冒或身体过度疲劳时，均应暂停习练。

第二节　习练要求

一、习练前

（1）要做好习练的思想准备，使情绪安定下来。

（2）习练的周围环境要保持安静，避免习练时被打扰。

（3）习练时，光线要调整好，不可太强，避免刺激双目。空气要流通，但须避免直接吹风。

（4）如有较明显的局部疼痛、不适等症状影响习练进行，可先采取一些对症治疗措施，使症状缓解后再习练。

（5）习练静功时，应事先准备好卧功、坐功的床和椅。床一般用木板床为宜，易固定身体不摇晃。坐椅要高低适宜，使腿近于平行，臀部下面一般要加软垫或毛毯等，以利久坐而不易疲劳。

（6）宜先排除大小便，以便舒适入静。

（7）宜宽衣松带，习练服装以宽松为宜，除去手表、眼镜、首饰等饰物。

（8）习练静功前，可先做几节保健功，如叩齿、练舌、摩腹等，可以帮助集中思想。

二、习练中

（1）习练中如杂念过多，无法排除时，可暂停习练，使身体活动一下或做几节动功，可帮助排除杂念，待杂念减少后再习练。

（2）对习练中产生的各种特殊感觉，应不追求、不恐惧，听其自然出现和消失。对某些特殊感觉的产生有疑问时，可于习练后向专业指导人员反映，以求解决。

（3）如习练中突然发生巨响，切不要惊慌。若练静功，可暂停习练，做一下三线放松动作后再继续练。若练动功，稍微镇静一下，即可继续练原来的动作。

（4）习练时必须从“仿生导引”的功法特点出发，要求按照规范动作、精神劲力、呼吸配合等进行习练。

（5）习练时动作力求简洁，左右对称，既可全套连贯习练，也可侧重多练某戏，还可只练某戏，运动量较为适中，属有氧训练，各人可根据自身情况调节每式动作的运动幅度和强度，可做到因人而异。

（6）注意手指、脚趾等关节的运动，以达到加强远端血液微循

环的目的。同时，还注意对平时活动较少或为人们所忽视的肌肉群的锻炼。

（7）习练时在保持功法要求的正确姿势的前提下，身体肌肉应尽量保持放松，做到舒适自然，不僵硬，不软塌。只有当肢体松沉自然，才能做到以意引气，气贯全身，气血通畅，以气养神，从而增强体质。

（8）习练时若觉头晕，应慢慢坐下来，不可继续习练，以防止突然倒地。

三、习练后

（1）习练结束时，练静功者由静到动，练动功者由动到静，都要有“收功”的缓和过程，不可突然停功，以免感觉不适。可通过呼吸、擦脸、拍打身体等引导元气归元，调畅气机，舒缓习练时的情绪。

（2）若习练后感到头晕、乏力，这是由于习练时间太长，动后剧烈或旋转太多之故。此时不必紧张，先做全身恢复正常活动的思想准备1～2分钟，后静坐意守脚底涌泉约10分钟。然后慢慢睁开眼睛，活动一下肢体，两手心相对揉擦，待两手擦热后由头面至颈至腹，做一次全身按摩，后做“击拍四肢”动作：以一只手掌拍击另一手臂，从上至下，前后左右皆击拍均匀；然后两手掌齐拍下股，从上至下，前后左右地拍打，症状便可缓解至消失。最后再转入正常活动。

（3）若习练后觉胸闷，可做站立式深呼吸几次引气下行以解除。习练后，感到全身发冷，可做扎成马步，两手抱拳收紧于胸侧1～5分钟，就能全身发热而冷自除。

（4）此外，妇女月经期间可停止习练数日；或在练功时，将腹式呼吸改为自然呼吸，将意守下丹田脐下改为意守中丹田膻中，这

样可减少因习练而引起的经期延长和经量增多。男性习练者应正确对待习练期间的“精满自遗”现象，如遗精次数过频，每周超过2次以上，可适当采取药物治疗和采用“提撮抵闭”的治疗方法，或用兜擦功，使遗精次数减少。习练期间，注意保暖、调护，适当休息，劳逸结合，还应避免性生活过多，防止消耗精力，损伤元气。此外须注意饮食清淡，避免食用刺激性食物，保证充足睡眠。

参考文献

[1]张丹丹，陈秋芬，李慧娟．有关华佗五禽戏记载历史的研究[J]．搏击：体育论坛，2012，4(1)：90-91．

[2]陈鼓应．庄子今注今译[M]．北京：中华书局，1983：455．

[3]王弼．新编诸子集成——老子道德经注校释[M]．楼宇烈，校释．北京：中华书局，2008：16．

[4]张继，沈澍农．中国传统哲学与中医导引五禽戏发展探源[J]．南京中医药大学学报：社会科学版，2011，12(1)：26-29．

[5]闫严．健身气功·五禽戏对高脂血症患者细胞黏附分子及血脂水平的影响[J]．辽宁师范大学学报：自然科学版，2009，32(3)：356-358．

[6]洪创雄．五禽戏对高血压病患者血压和C反应蛋白作用的研究[J]．中外健康文摘：医药月刊，2007，4(8)：26-27．

[7]虞定海，王敬浩．中老年人五禽戏锻炼3个月前后NK细胞活性的变化[J]．中国运动医学杂志，2005，24(5)：602-603．

[8]虞定海，吴京梅．“健身气功·五禽戏”锻炼对中老年人NK细胞的影响[J]．上海体育学院学报，2008，32(1)：56-58．

[9]张庆武，胡烨．华佗五禽戏对大学生骨密度的影响[J]．通化师范学院学报，2011，32(2)：67-69．

[10]朱毅，李凝，金宏柱．五禽戏早期干预对稳定期慢性阻塞性肺疾病患者的影响[J]．辽宁中医药大学学报，2010，12(6)：107-109．

[11]姜玉泽．“五禽戏”健身养生思想与心理健康理念[J]．搏击武术科学，2008(4)：69-70．

[12]朱寒笑，郑孙勇，陈雪莲．16周新编五禽戏锻炼对老年女性身体机能相关指标的影响[J]．中国运动医学杂志，2008，27(4)：499-500．

附：经络腧穴图

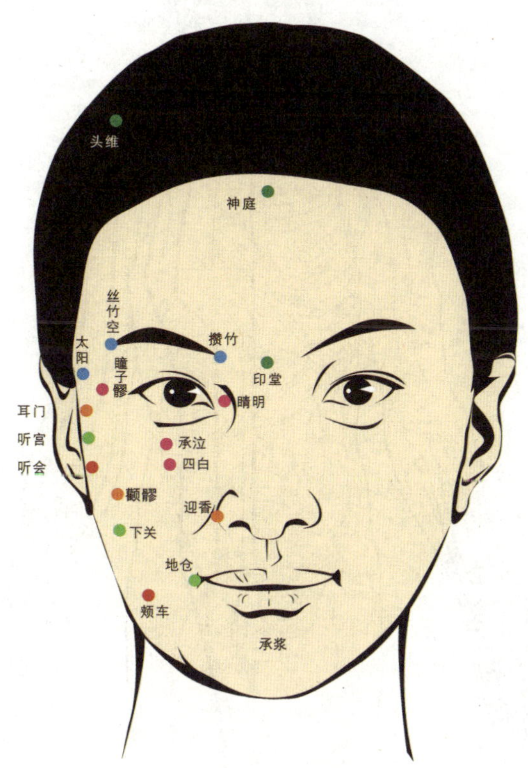

脸部主要经络：

- 手阳明小肠经
- 手阳明大肠经
- 手少阳三焦经
- 足阳明胃经
- 足太阳膀胱经
- 足少阳胆经
- 任督二脉

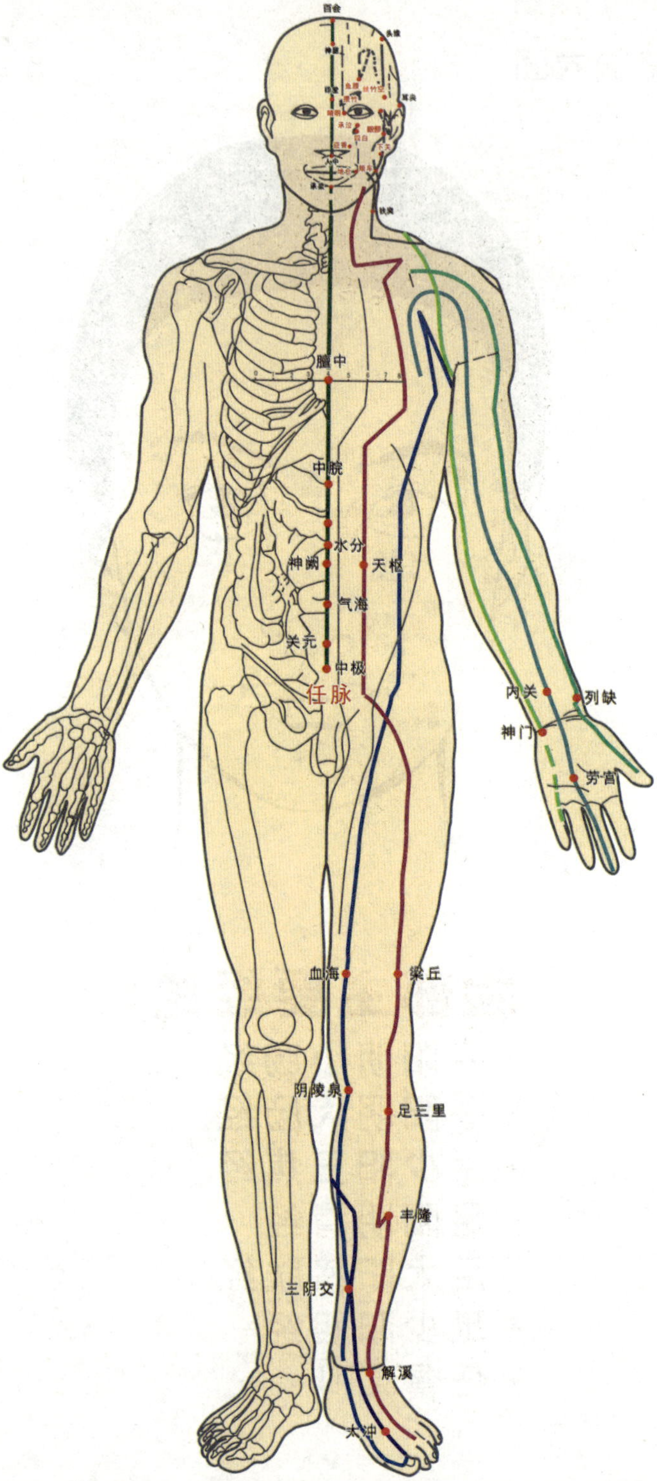

百会
头维
印堂
鱼腰
丝竹空
攒竹
耳尖
睛明
承泣
颧髎
四白
迎香
下关
人中
地仓
颊车
承浆
扶突
膻中
中脘
水分
神阙
天枢
气海
关元
中极
任脉
内关
列缺
神门
劳宫
血海
梁丘
阴陵泉
足三里
丰隆
三阴交
解溪
太冲

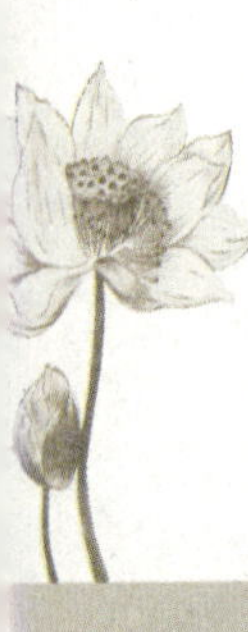

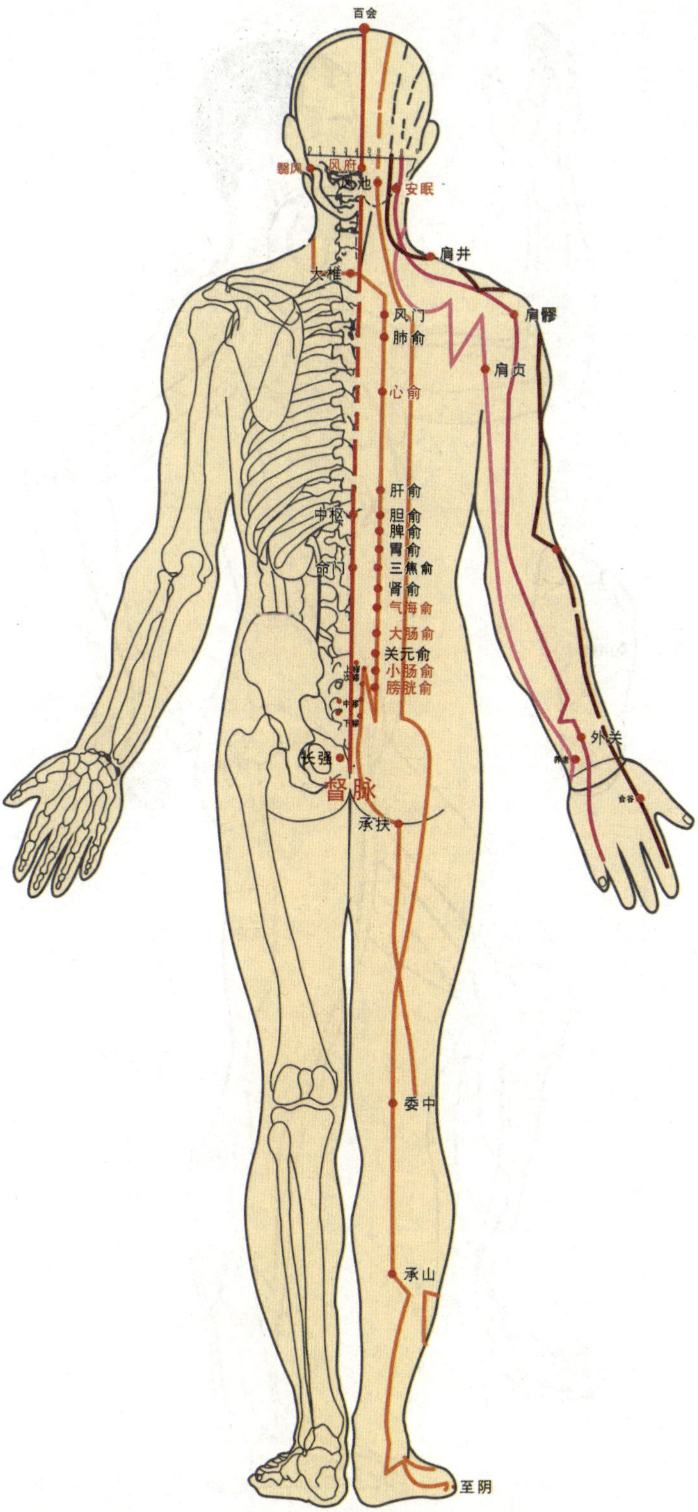

百会
翳风
风府
风池
安眠
肩井
大椎
肩髎
风门
肺俞
肩贞
心俞
肝俞
中枢
胆俞
脾俞
胃俞
命门
三焦俞
肾俞
气海俞
大肠俞
关元俞
小肠俞
膀胱俞
外关
长强
督脉
合谷
承扶
委中
承山
至阴

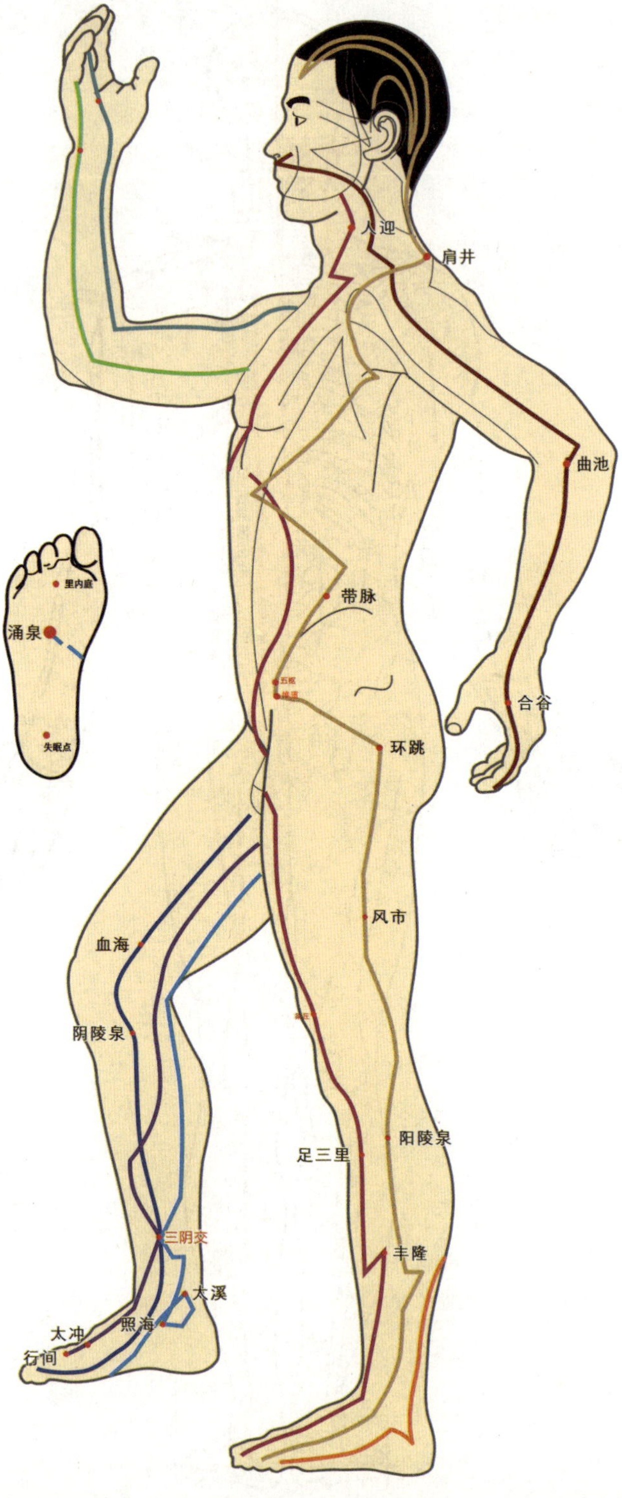

人迎
肩井
曲池
里内庭
涌泉
失眠点
带脉
五枢
维道
合谷
环跳
风市
血海
阴陵泉
梁丘
阳陵泉
足三里
三阴交
丰隆
太溪
太冲
照海
行间